단어의 사연들

내가 모르는
단어는
내가 모르는
세계다

단어의 사연들

백우진
지음

whale books

"Die Sprache ist das Haus des Seins."

_Martin Heidegger(1889~1976)

"언어는 존재의 집이다."

_마르틴 하이데거

말할 수 없는 것까지 말하기 위해

"외국어를 모르는 자는 모국어를 제대로 알지 못한다." 이는 독일 문호 괴테가 한 말이다. 외국어와 비교하지 않으면 우리말이 외국어와 비교해 어떻게 다른지 알 길이 없다. 외국어 공부를 통해 우리말이 어떤 특징이 있고 어떻게 활용되는지를 입체적으로 이해할 수 있다. 괴테의 이 경구와 같은 맥락에서 이 책은 먼저 다른 언어와의 비교를 통해 우리말 고유의 '맛이나 무늬'를 찾아본다. 이 작업은 이를테면 '언어문화 비교'라고 할 수 있다.

한국어의 무늬 중 하나는 의태어가 풍부하다는 것이다. 의태어는 '살랑살랑'처럼 상태나 움직임을 발음의 느낌으로 상징적으로 묘사한 유형의 단어를 가리킨다. 《두산백과》에 따르면 유럽 언어는 의태어가 그다지 발달하지 않았다. 한국어 언중은 의태어를 사랑하고 새로 만들기를 즐긴다. 이 명제를 뒷받침하는, 최근 만들어져 널리 쓰이는 의태어로 '봄봄하다' '가을가을하다'가 있다. 한편 두 단어에 비해 '여름여름하다'나 '겨울겨울하다'라는 낱말은 활용되지 않는다는 사실도 흥미롭다.

또 우리말 언중은 의태어 중에서도 준첩어를 즐겨 쓴다. 첩어는 '고래고래'처럼 같은 소리를 반복해서 만든 단어다. 준첩어는 '눈치코치'처럼 같은 소리를 반복하는 대신 한 음절을 바꿔서 말맛을 살린 낱말이다. 따라서 준첩어는 한글 표기를 기준으로 네 글자 이상으로 만들어진다. 옹기종기, 올망졸망, 아기자기, 들락날락, 들쭉날쭉, 아웅다웅, 곤드레만드레, 미주알고주알, 휘뚜루마뚜루 등이 준첩어다.

세계 모든 언어에는 첩어가 있고, 많은 언어에는 준첩어도 있으리라고 짐작된다. 한자어에는 좌지우지, 이판사판, 설왕설래 같은 준첩어가 있다. 우리말의 준첩어 발달에는 한자어도 영향을 준 것으로 추정된다. 우리말과 가장 비슷한 일본어에도 준첩어가 있는데, 우리말만큼 다양하지는 않다고 한다. 영어에도 'mishmash(뒤죽박죽)' 같은 준첩어가 여럿 있지만 한국어에 비해서는 덜 쓰이는 것 같다.

우리말 준첩어의 두드러진 특징은 지금 이 순간에도 계속 새로 만들어진다는 것이다. 최근 빚어진 준첩어로는 질색팔색, 세상에나 마상에나, 듬북담북, 동네빵네 등이 있다. '듬북담북'은 북엇국집 이름이고 '동네빵네'는 빵집 이름이다.

언어는 거울이다. 언어는 그 사회를 비춰서 보여주는 거울이다. 한 사회의 낱말이 그 사회를 이해하는 단서를 제공하는 경우가 있다는 말이다. 우리말에 새겨진 우리 사회를 풀어 보이는 내용도 이 책은 다룬다. 우리말의 '잘코사니'가 그런 실마리가 되는 단어다. 잘코사니는 '미운 사람이 불행을 당한 경우에 고소함'을 뜻한다. 감탄사로도 쓰인다. 비슷한 낱말로 '쌤통'이 있다. 영어에는 잘코사니에 해당하는 단어가 없다. 일본어에도 없다. 독일어에는 'Schadenfreude'가 있다.

언어는 기록이다. 한 사회의 언어에는 그 사회의 발자국이 찍혀 있다. 이 책의 둘째 부분은 우리말의 유래를 찾아본다. 한자에서 출발해 우리말로도 들어오고 세계적으로도 확산된 단어를 설명하는 꼭지도 있다. 출발 단어는 '확(鑊)'이다. 鑊은 '가마솥'을 가리키고, 간체자로는 '镬'으로 쓴다. 이 한자어의 광둥어 발음이 '웍'이다. 웍은 커다란 냄비와 솥의 중간 정도 크기인 조리기구를 가리킨다. 웍은 중국에서 쓰이다가 동남아시아 등으로 전파됐고, 오늘날에는 세계 전역의 주방에서 쓰인다. 웍은 영어로는 'wok'로 표기된다. 확은 우리말로 넘어와서는 '돌확' 등이 됐다. 돌확은 돌로 만든 조그만 절구다. 鑊이 돌확과 웍(wok)으로 갈라진 것이다.

셋째 장은 우리말의 조어 방식을 요모조모 짚어본다. 그중 하나는 우리말에는 끝부분이 같은 단어의 묶음이 많다는 것이다. '자투리'의 반대말은 무엇일까? '마투리'다. 자투리는 남은 것을 가리키고, 마투리는 한 섬이나 한 가마를 채우지 못한 분량을 뜻한다. 재미난 대목은 두 단어 모두 '투리'로 끝난다는 점이다. '깨비'로 끝나는 낱말에는 도깨비, 허깨비, 진눈깨비, 방아깨비 따위가 있다. '라기' 돌림 단어로는 지푸라기, 보푸라기, 실오라기 등을 들 수 있다. 이렇게 단어를 묶어서 보면 공통점도 보인다고 나는 생각한다. 예컨대 '깨비'는 주변적인 존재를 가리키는 데 붙는다고 할 수 있다.

넷째 장에 나는 아껴 쓸 우리말을 골라놓았다. '도사리' 같은 낱말들이다. 도사리는 '다 익지 못한 상태에서 떨어진 과실'을 뜻한다. 쐐기무늬를 가리키는 데 쓰이는 '헤링본(herringbone)'이라는 단어는 아는데 '오늬'라는 단어를 모르는 사람이 많다. 오늬는 활시위에 끼도록 에어낸 화살 끝부분을 가리키고, 오늬무늬가 쐐기무늬다. '늬'로 끝나는 우리말은 오늬, 무늬, 하늬, 보늬 넷밖에 없다. 보늬는 밤이나 도토리 따위의 속껍질이다.

말은 생각을 담고, 생각은 단어로 표현된다. 철학자 루트비히 비트겐슈타인은 "언어의 한계는 세계의 한계"라고 말했다. 우리는 우리말의 한계를 알아야 우리가 보는 세계의 한계를 파악할 수 있다. 아울러 우리는 우리말의 한계를 알아야 그 한계를 어떻게 확장할지 궁리하고 방법을 찾아낼 수 있다.

비트겐슈타인은 "말할 수 없는 것에는 침묵해야 한다"고 말했다. 그러나 우리는 '말할 수 없는 것'을 담을 단어를 만들어야 한다. 이 책에 펼쳐진 낱말에 대한 생각은 낱말을 만들어내는 일의 바탕이 된다.

사전 편찬은 마무리가 불가능한 일이라는 말이 있다. 사전을 만드는 동안 새로운 단어가 생겨나는 동시에 어떤 낱말은 소멸해가기 때문이다. 우리말도 변하고 있다. 우리가 우리말을 바꿔가고 있다. 우리말을 더 우리말답고 풍성하게 빚어가는 데 이 책이 조금이라도 기여하기를 기대한다.

2018년 겨울, 백우진

차
례

1.
단어가 공간에 녹아든 사연 : 낱말의 문화

2. 단어가 오래전 태어난 사연 : 낱말의 유래

3.
단어가 헤치고 모여든 사연 : 낱말의 규칙과 변화

4.
단어가 그동안 숨었던 사연 : 낱말의 재발견

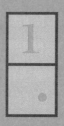

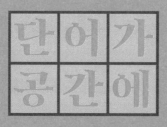

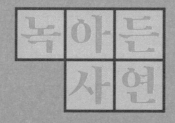

: 낱말의 문화

그냥 좀 아까워서

2002년 노벨 화학상을 받은 일본의 다나카 고이치는 평범하다고 할 수 있는 직장인이라는 점에서 세계적인 화제가 됐다. 다나카는 게다가 박사학위를 받지 않은 연구원이었다. 그는 특출함과는 거리가 있었다. 명문 도호쿠대학에서 전기공학을 공부했는데, 1년 유급돼 5년 만에 졸업했다. 그는 지도교수로부터 과학기기 등을 제작하는 시마즈 제작소를 소개받아 입사해 중앙연구소에서 근무했다.

다나카는 고분자 단백질의 질량을 측정해 여러 종류의 단백질을 구별하는 기술을 개발해 노벨상을 받았다. 그가 노벨상을 받게 된 실험의 단초는 '아깝다(もったいない·모타이나이)'는 마음이었다. 그는 실수로 실험 시료를 망치게 됐는데, 버리기 아까워 그 재료로 실험을 하던 중 연구 성과를 내게 됐다. 다나카는 책《일의 즐거움》에서

"아깝다는 말은 어렸을 적에 나를 많이 돌봐준 할머니의 입버릇이었다"고 말했다. 그는 수상 소감을 준비하며 '아깝다'를 옮길 적확한 영어 단어가 없다는 점을 알게 됐다고 들려줬다. 한국어는 일본어와 같이 아깝다는 말이 있다.

어느 언어에 특정한 단어가 있는지 없는지는 판가름할 기준 중 하나는 그 개념에 해당하는 한 단어가 있는가이다. 그렇지 않고 여러 단어로 설명해야 한다면 그 단어는 없다고 볼 수 있다. 한국어의 '아깝다'를 영어로 표현하려면 'be too good to throw away'라고 풀어서 설명해야 한다. 그래서 나는 한국어와 일본어에 있는 '아깝다'라는 단어는 영어엔 없다고 잠정 결론을 내렸다.

나는 이 잠정 결론, 또는 객관적으로 말하면 가설을 다소 엉뚱한 데서 확인받았다. 세계적인 에너지 전문가 대니얼 예긴이 쓴 책 《2030 에너지전쟁》에서다. 이 책은 한 대목에서 "일본은 에너지 사용을 최적화하는 분야에서 단연 돋보이는 페이스메이커"라면서 일본의 오래된 절약 문화에서 생겨난 '아깝다'라는 단어를 설명한다. 예긴은 "'아깝다'를 영어로 옮기기가 어려워 일본 외무성이 이 단어를 어떻게 통역할 것인지를 놓고 집중적으로 논의한 적이 있었다"고 전한다. 일본 외무성은 그러나 한 단어는 찾지 못하고 'too precious to waste'로 결정했다.

'아깝다'라는 단어에서는 한국과 일본의 문화와 언어가 거의 겹친다고 나는 생각한다. 그래서 아까워하는 문화와 관련한 대목을

《2030 에너지전쟁》에서 더 인용한다.

가와구치 요리코(1941~) 참의원은 고교시절 교환학생으로 처음 미국에 갔을 때 받은 느낌을 또렷이 기억한다. "내가 신세지고 있던 집에서 크리스마스 시즌을 맞은 적이 있다. 그 집 식구들은 선물 포장지를 아무렇게나 찢어 쓰레기통에 버렸다. 너무 놀랐다. 우리 일본에서는 포장지를 조심스레 뜯고 다시 사용한다."

"'아깝다'는 천 년 동안 실제로 넉넉하게 가져본 적이 없었던 탓에 갖게 된, 사물에 대한 태도이다. 우리는 자원을 지혜롭게 다루는 방법을 배워야 했다. 나도 어려서부터 밥그릇에 밥 한 톨 남겨선 안 된다고 교육받았다. 어느 집이나 마찬가지였다."

영어로 '아깝다'는 표현은 한국어의 '아깝다'라는 낱말과 차이가 난다. 우선 영어에서는 '버리기에는 너무 좋다(귀하다)'인 반면 우리말로 '아깝다'는 값어치를 기준으로 할 때 소중하지 않고 어찌 보면 하찮은 것에도 쓴다. 예컨대 우리는 남은 국물이 아까워 밥을 볶아 먹는다. 가난하던 우리는 무엇이든 아껴서 쓰고 아까워했다. 나라 전체로는 풍요로워진 시대, 아끼고 아까워하는 태도와 마음가짐을 생각해본다.

억울한 사람들, 때미는 사람들

　책《학교에서 가르쳐주지 않는 일본사》에는 언어의 상대성을 떠올리게 하는 대목이 나온다. 이 책은 에필로그에서 '억울하다'는 개념과 단어로 한국과 일본을 비교한다. 저자는 한국과 일본 두 나라에 모두 '억울(抑鬱)'이라는 단어가 있지만 뜻은 다르다고 전한다. 한국에서 '억울하다'는 억울할 때 쓰는데, 일본에서는 '억울'을 심하게 기분이 침체된 상태를 가리키는 데 쓴다고 설명한다.

　저자는 "한일사전을 검색하면 '억울하다'의 대응어로 '悔しい(쿠야시이)'가 많이 제시된다"며 "그러나 엄밀히 말하면 두 단어는 맥락과 뉘앙스가 다르다"며 다음과 같이 말한다. "한국어의 '억울하다'는 '자신의 잘못이 아닌 남의 잘못으로 자신이 안 좋은 일을 당하거나 나쁜 처지에 빠져 화가 나거나 상심하는 것'을 의미하는 데 반

해, 일본어의 '쿠야시이'는 '자신이 마음먹은 대로 일이 이루어지지 않거나, 남과의 경쟁에서 패하거나, 남이 자신에게 해코지를 하여 분하거나 유감의 심정이 되는 것'을 의미한다." 두 심리 상태는 그래서 파장이 크게 차이가 난다고 저자는 말한다. 억울한 한국 사람은 남을 원망하는 반면 억울한 일본 사람은 설욕하기 위해 절치부심하며 분발한다.

일단 나는 저자의 착안이 반가웠다. 나도 '억울하다'라는 낱말이 있는 것이 다른 언어와 비교한 한국어의 차이 중 하나라고 생각해 왔다. '억울하다'라는 말은 일본어에는 물론 영어에도 없다. 한 영어사전은 '억울하다'를 'feel victimized'라고 설명했는데, 딱 맞아떨어지는 느낌이 아니다. 다른 한영사전을 찾아보면 'find oneself in the sorry position of being charged with another's crime(억울하게 남의 죄를 뒤집어쓰다)'이라고 길게 번역돼 있다.

그러나 나는 두 단어의 파장이 차이가 나기 때문에 그에 따라 사람들의 태도와 행동도 다르게 나타난다는 논리에는 동의하지 않는다. 단어에서 태도와 행동을 파악하기보다는 그 단어가 왜 배태됐는지 사회문화적인 배경을 살펴봐야 한다고 나는 생각한다.

단어는 사회를 반영한다. 어떤 사회에 있는데 다른 사회에는 없는 단어가 있다. 예를 들어 피부의 분비물과 먼지 따위가 섞이어 생기는 '때'에 해당하는 한 단어가 영어에는 없다. 영어로 때를 표현하려면 'dirt and dead skin cells'이라는 식으로 풀어내야 한다. 영어에 '때'라는 단어가 없다는 것이 영어권 사회 사람들의 몸에는 때가 없음을 의미하지는 않는다. 영어권에는 때를 미는 문화가 없음을 뜻한다.

한국에는 일본과 영어권에는 없는 '억울하다'라는 낱말이 있어서 한국 사람들이 비슷한 상황에 처했을 때 유독 억울해하는 것은 아니다. 또는 비슷한 상황에서 한국 사람들이 유독 억울해하면서 이 단어가 만들어진 것도 아니다. 그보다는 한국 사회에는 사람들을 억울한 상황으로 몰아넣는 구조나 문화로 인해 억울한 경우가 다른 사회보다 더 자주 발생해왔다고 봐야 한다. 조선시대에는 조선시대대로, 일제강점기에는 일제강점기대로, 독재시대에는 독재시대대로 무고한 사람들을 괴롭히고 수탈하고 고문하고 처벌하고 죽이며 억울하게 했다. 어느 사회 사람들의 타고난 심성이란 존재하지 않는다. 억울해하는 사람들을 줄이려면 억울하게 만드는 제도와 문화를 없애야 한다.

뛰러 나가면서 챙기는 것은 교통카드를 겸한 신용카드와 스마트폰이다. 카드는 달리다가 편의점에서 음료수를 마시고 간식을 먹는 데 쓴다. 스마트폰으로는 주로에서 눈에 들어오는 아름다운 모습이나 인상적인 장면을 담는다. 카드는 주머니에 넣으면 된다. 덩치가 큰 스마트폰은 넣을 곳이 마땅치 않다. 그래서 허리에 두르는 주머니(팩)를 쓴다. 기존 허리 팩은 지퍼로 주둥이를 마무리하는 방식이다. 내가 새로 장만한 허리 팩은 폭이 넓은 천을 여미어 내용물이 밖으로 나오지 않게 한다. 이렇게 여미는 팩은 지퍼가 없으니 지퍼가 고장 날 일이 없다. 간단한 아이디어인데 혁신적이다.

'여미다'는 '벌어진 양쪽 옷깃 따위를 제대로 합쳐 단정하게 하다'라는 뜻이다. 《표준국어대사전》의 예문을 보면 '경옥이는 자리에서 일어나 앉으며 저고리 섶을 여미고 머리 매무새를 가다듬었다'가 있다.

'~미다'로 끝나는 우리말에는 '여미다' '스미다' '저미다' '꾸미다' 네 가지가 있다. '스미다'는 '물, 기름 따위의 액체가 배어들다'는 뜻이다. '저미다'는 '얇게 베어내다'는 뜻이다. '꾸미다'는 '모양이 나게 매만지다'는 의미다. 이들 단어 중 '여미다' '스미다' '저미다'는 마음을 나타내는 데도 쓰인다. 용례를 살펴보자.

- 그는 마음을 여미고 다시 일을 시작했다.
- 그는 불현듯 가슴에 스미는 고독을 느꼈다.
- 그는 가슴을 저며내는 슬픔을 견딜 수 없었다.

한편 그냥 '미다'라는 단어도 있다. '가죽이나 종이 따위를 잘못 건드려 구멍을 내다'는 뜻이다.

영어에는 '여미다'에 대응하는 낱말이 없다. '여미다'를 영어로 표현하려면 'adjust one's dress'라고 포괄적으로 서술해야 한다. 이 표현은 셔츠의 단추를 끼우는 것을 나타낼 수도 있고 바지춤을 올리는 것일 수도 있다. 일본어엔 있다. 'かきあわせる(가키아와세루)'라고 한다. 우리말과 관용구가 똑같다. '옷깃'은 '襟元(에리모토·금원)'라고 한다.

한편 '襟'이 들어간 한자 단어 중 비교적 자주 활용되는 것이 '금도(襟度)다. '襟'의 뜻에는 '마음'도 있다. '度'는 '크기'를 가리킨다. 그래서 금도는 '남을 이해하고 받아들이는 아량'을 뜻한다. 흔히 '정치인으로서 지켜야 할 금도를 넘어'처럼 쓰인다. 이때 '금도'는 사전에는 없는, 아마 '禁道'라는 뜻으로 쓰인 듯하다.

재미난 대목은 중국어에는 '여미다'라는 표현이 없다는 점이다. 중국어로 '여미다'를 말하려면 '단정(端正)' '정리(整理)' 같은 단어를 쓰고 목적어로 착장(着裝) 등을 놓는다. 이들 단어는 '여미다'라는 구체적인 행위를 가리키지는 않는다. '단정'이나 '정리'는 영어 'adjust'와 비슷하다. 한국과 일본에는 있는 단어가 왜 중국에는 없을까? 복식의 차이 때문이라고 나는 추측한다. 만주족 전통 의상 창파오(長袍)에서 유래한 치파오(旗袍)는 앞에 옷깃이 없다. 여미려고 해도 여밀 옷깃이 없는 것이다.

국방색과 파란색

초록은 동색이 아닙니다. 요즘 보니 초록은 백색입니다. 아기의 속살처럼 연하고 부드럽고 다채로운 초록들이 어우러져 빛나는 모습이 너무나 아름다워서 가슴까지 저릿저릿합니다. 그렇지만 저 초록의 향연은 사람을 위해 존재하는 것이 아니지요? 꽃은 사람을 위해 아름다운 것이 아닙니다. 《비극의 탄생》의 니체에 따르면 그것이야말로 '미학적 망상'입니다.

_2008년 4월 19일 자 〈조선일보〉, '이주향의 책 향기' 중에서

초록은 '동색'이 아니라 '백색'이라는 위 글의 서술을 보니, 필자는 동색을 색의 한 갈래로 여긴 듯하다. 색을 뜻하는 한자어 동색(銅色)은 구릿빛을 가리킨다. 구릿빛은 붉은빛을 많이 띤 갈색빛이다. 속담 '초록은 동색'에서 동색은 '銅色'이 아니라 '同色', 즉 같은 색

이라는 뜻이다. 또 '초록'은 풀색과 녹색을 뜻한다. '초록'은 대개 색의 하나를 지칭하는 데 쓰이는데, 이 속담에서는 그와 달리 '풀색과 녹색'이라는 의미로 활용됐다. 따라서 이 속담은 '풀색과 녹색은 같은 색'이라는 뜻이다.

〈청사(靑巳)〉라는 제목의 홍콩 판타지 영화가 있다. 1990년대 스크린을 주름잡은 왕조현과 장만옥이 주연했다. 왕조현은 1,000년 묵은 백사, 장만옥은 500년 된 청사였는데 인간이 되기 위해 속세로 나왔다. 이 영화 포스터에서 내 눈길을 끈 부분은 한자와 함께 쓰인 영어 제목이었다. 포스터에 청사는 'blue snake'가 아니라 'green snake'라고 번역됐다. 이 영화를 통해 나는 중국과 우리나라 언중은 '파랗다(靑)'라는 단어로 녹색과 청색을 둘 다 표현했음을 깨닫게 됐다. '청천(靑天)'과 '청산(靑山)'이라는 두 단어에서도 보이듯, 하늘도 청(靑)이라고 하고 산도 청(靑)이라고 한 것이다.

이렇듯 녹색과 청색을 통칭하는 방식은 지금도 보인다. 대표적인 사례로, 신호등의 통행을 나타내는 색인 녹색등을 '파란불'이라고도 부른다. 한 포털 사이트에서 기사를 검색해보니 '신호등'과 '녹색'이 들어간 꼭지가 5,337건으로 압도적이었지만, '신호등'과 '파란'을 함께 쓴 기사도 822건 나왔다.

우리는 파란색의 스펙트럼을 넓게 잡아 그 속에 파랑과 녹색을 함께 넣는다. 이처럼 언어에서 색의 경계를 명확하게 긋지 않는 태도는 '국방색(國防色)'이라는 낱말에도 보인다. 국방색은 국어사전에 '육군의 군복 빛깔과 같은 카키색이나 어두운 녹갈색'이라고 풀이됐다. 카키(khaki)는 흙의 색에서 유래한 단어로 황갈색을 가리킨다. 모호한 경계는 이뿐이 아니다. 우리나라에서는 카키도 황갈색 외에 탁한 녹갈색을 가리키는 데 쓰인다.

혼동은 어디서 비롯됐을까. 내 가설은 군복의 색이 일제강점기에는 카키였고 해방 후엔 짙은 녹갈색이었는데, 그래서 군복의 색 국방색이 두 색을 모두 가리키게 됐다는 것이다. 마찬가지로 국방색으로 통하던 카키 또한 해방 이후 어두운 녹갈색이라는 뜻으로도 쓰였다. 이 가설은 〈동아일보〉의 과거 기사로 확인된다. 일제강점기에 카키를 국방색으로 지정했고 해방된 뒤에는 녹갈색을 국방색으로 정했다.

이 신문에 '카키'가 처음 등장한 때는 1928년 12월 6일이다. 기사는 장개석 중국 총통이 청렴을 강조하면서 스스로 "카키색의 군복 한 벌로 행세를 한다"고 전한다. '국방색'은 1934년 6월 21일 자 기사에 처음 나온다. 유사시에 대비한 피복운동을 다룬 이 기사는 "카키색 또는 용이하게 카키색으로 갈아 (색을) 들일 수 있는 자갈색 계통의 빛을 국방색으로 정하여 이것을 일반 학생복, 단체복, 노동복, 각 관청의 제복에까지 보급을 시키고저"라고 그 취지를 옮긴다.

해방 이후 한국군은 미군 군복을 원조 물자로 받아 착용하게 된다. 그러면서 국방색은 당시 미군 군복의 색인 녹갈색을 가리키게 된다. 국방색의 색깔을 가장 구체적으로 서술한 기사는 1968년 12

월 17일 자 '국방색 염료 국산화의 성공'이다. 이 기사는 "원래 구리·프탈로시아닌계의 염료는 스카이블루(청색)인데 녹색을 나타내기 위하여 아민기(基)를 첨가하고 여기에 갈색을 나타내기 위하여 할로겐 원소(염소·브롬)를 수소 원자 하나와 대치시킨 것"이라고 국산화 기술을 소개한다. 이어 "엄밀한 의미에서 국방색이란 각국마다 색깔이 다르기 마련"이라면서 예를 들어 "적도 근방의 국방색은 짙은 청색이며 차차 고위도 지방으로 올라감에 따라 갈색이 많이 나타난다"고 설명한다.

사람들
눈으로 말하는

'홉(hop)'은 '한 발로 깡충깡충 뛰다'를 뜻하는 영어 단어다. 홉은 3단 멀리뛰기의 한 동작이다. 홉에 이어 스텝, 점프가 3단 뛰기를 이룬다. 홉은 우리말로 '깨금발 뛰기'라고도 할 수 있다. 깨금발은 한 발을 들고 한 발로 선 자세를 뜻한다.

우리말 홉은 부피의 단위를 나타내는 낱말이다. 한 홉은 한 되의 10분의 1이다. 우리말에 '홉'으로 시작하는 단어는 몇 안 된다. 그중 하나가 '홉뜨다'이다. '눈을 치뜨다'라는 뜻이다. 김유정의 단편 소설 〈동백꽃〉을 보면 "나는 멍하니 섰다가 점순이가 매섭게 눈을 홉뜨고 닥치는 바람에 뒤로 벌렁 나자빠졌다"라는 문장이 나온다.

영어 'hop'과 우리말 '홉뜨다'에서 '홉'이 모두 '위'를 가리킨다는 점이 흥미롭다. 같은 발음은 언어를 떠나 비슷한 느낌을 주고, 그래서 의미에도 공통점이 있을 수 있다. 그래서 우리말과 영어의 의태어와 의성어 중에 유사한 단어의 조합이 여럿 있다. 그중 하나만 예로 들면 '펄럭이다'와 'flutter'다. 우리말에서는 깃발이 펄럭인다고 말한다. 영어에서는 'flutter'와 'flap'으로 펄럭임을 표현한다. 모두 펄럭이는 소리를 흉내 냈다.

비슷함은 여기까지다. 영어와 비교할 때, 중국어와 우리말은 '눈으로' 말하는 편이다. '눈'이 들어간 단어로 여러 상태와 움직임을 표현한다는 뜻이다. '백안(白眼)'은 남을 업신여기거나 무시하는 태도로 흘겨봄을 뜻한다. 중국의 죽림칠현 중 한 사람인 완적(阮籍)이 반갑지 않은 손님은 백안으로 대하고 반가운 손님은 청안(靑眼)으로 대했다는 이야기에서 유래한 단어라고 한다. 백안은 흘겨볼 때 흰자가 많이 보이는 데서 생겨난 단어인 듯하다. '백안시하다'를 영어로 표현하려면 'look coldly upon, look askance of a person' 등으로 풀어서 설명해야 한다.

우리 문화와 우리말은 눈으로 많은 의사소통을 한다. '눈썰미'는 한두 번 보고 필요한 사항을 파악하거나 그 일을 해내는 재주를 가리킨다. 눈썰미를 영어로 'be quick in visual learning'이라고 한단다. 영어에는 눈썰미에 해당하는 한 단어가 없는 것이다. 또 우리는 출석했다고 하는 대신 '눈도장'을 찍었다고도 말한다. '쏘아보는 시선을 '눈총'이라고 한다. 탐을 내는 것을 '눈독'을 들인다고 표현한다. 영어로는 'have an eye on'이라고 하는데, 어감이 '눈독'에 비하면

약하다. '눈치'는 남의 마음을 그때그때 상황으로 미루어 알아차리는 감각을 뜻한다. 눈치가 있고 재치까지 갖춘 사람은 어디서나 환영받는다. 그런 사람을 가리키는 말로 '눈치코치재치'를 새로 만들면 어떨까.

이렇게 우리말에는 '눈'이 들어간 단어가 많고, '먹는다'라는 단어도 쓰임새가 많다. 이런 측면에서 '눈요기'라는 낱말에 눈길이 간다. 같은 말을 일본어에서는 'めのほよう(目の保養·메노호요)'라고 표현한다. 영어로 '눈요기를 하다'는 'feast eyes on'이라고 말한다. '무엇을 보면서 눈을 즐겁게 하다'라는 말이다.

눈을 홉뜨면 흰자가 많이 보인다. 휘둥그레져서 흰자가 넓어진 눈을 '고리눈'이라고 부른다. 평소에도 그런 눈도 고리눈이라고 한다. 예를 들어 '그는 체격이 장대하고 고리눈에 범의 수염을 한 장수였다'는 식으로 쓰인다.

세상인심이 수상하니, 믿는 도끼에 발등을 찍힐지 모른다. 실제 도끼는 물론이고 '도끼눈'에도 찍히지 말아야 한다. 도끼눈을 피하려면 평소 관계를 잘 맺고 풀어갈 일이다.

"구준하지 안 혀? 한창때인데 출출하겠네. 하나 잡숴봐. 시방 옥수수가 지철이여."

방언학을 세부 전공한 국어학자 한성우 교수는 그 여름날 충남 아산에서 방언을 조사하고 있었다. 오후 3시 무렵 동네 주민이 한 교수에게 위와 같이 말하면서 간식으로 옥수수를 권했다. 그다음 대화를 한 교수가 쓴《우리 음식의 언어》에서 인용한다.

"구준한 게 뭐유?"
"물러서 묻남? 거 있잖유. 딱히 배가 많이 고픈 건 아닌데 뭔가 먹고 싶은 생각이 드는 거, 시장한 것은 아니고 약간 출출한 거, 밥 말고 뭔가 주전부리를 하고 싶은 거."

"시장한 거랑 출출한 건 어떻게 달러유?"

"국어 선상이라메 증말 모르는 겨? 허기진 건 배고파 디지겠는 거, 시장한 건 때 돼서 밥을 먹고 싶은 거, 출출한 건 밥때는 아니라서 그렇기 배고픈 건 아닌디 머 좀 먹고 싶은 거. 그거보다 들한 게 구준한 겨."

그러니 '구준하다'라는 충청도 사투리를 포함하면 우리말 단어의 배고픈 정도는 '구준하다' '출출하다' '시장하다' '배고프다' '허기지다' 순으로 강해진다. '구준하다' 앞에 '궁금하다'를 넣을 수도 있겠다.

영어에는 'hungry'의 단계가 우리말에서처럼 폭넓게 펼쳐지지 않는다. 아주 배를 곯아 죽을 지경이라는 'starving'이 있고 그런 때 보이는 게걸스러운 모습을 표현하는 'ravenous'가 있는 정도다. 이 두 단어도 따지고 보면 'starving'은 '허기지다'보다 심한 배고픔을 가리키지만, 'revenous'는 배고픔이 아니라 배를 채우는 모습을 표현하는 단어다. 영어에는 '궁금하다'부터 '허기지다'까지 여섯 단계의 단어가 없는 것이다.

우리말처럼 배고픔의 여러 단계를 갖고 있는 언어는 세계적으로 드문가 보다. 《빌 브라이슨의 유쾌한 영어 수다》는 "칠레의 아라우카족 인디언은 불행하게도 배고픔의 각 단계를 구분하는 단어를 상당히 갖고 있다"고 전하는 것으로 미루어 나는 그렇게 추정한다.

이 책이 아라우카족 인디언 말의 특징을 소개한 맥락은 세계의 많은 언어가 저마다 많이 보유한 단어군이 있다는 것이었다. 이 책은 이탈리아어에는 파스타를 유형별로 묘사하는 단어가 500가지도 넘는다고 설명한다. 또 파푸아뉴기니의 트로브리안드 군도 사람들이 쓰는 말에는 얌(yam)을 가리키는 단어만 100가지가 넘는다고 예를 든다. 그는 이어 "왜 그런지는 나도 모르겠다"면서 뉴질랜드의 마오리족이 쓰는 말에는 똥을 가리키는 단어만 35가지가 넘는다고 전한다.

'똥' 어휘의 풍부함에서는 한민족이 마오리족과 세계 순위에서 상위를 다툴 것 같다. 우리말에는 '똥' 낱말이 얼마나 될까. 일단 열거해보자. 강똥, 곱똥, 꾀똥, 된똥, 물똥, 산똥, 생똥, 선똥, 알똥, 진똥, 피똥, 밤똥, 묵은똥, 배내똥, 푸른똥, 활개똥, 마른똥, 물찌똥, 오줌똥, 고드름똥, 바나나똥. 이상 꼽은 단어는 21개다. 이 밖에 개똥, 닭똥, 소똥, 말똥 등도 있다. 우리말의 특징이라면 무생물에도 '똥'을 붙인다는 것이다. 불똥, 별똥, 삼똥 등이 그렇게 만들어졌다.

내 조사는 여기까지다. 언제 마오리족 사람을 만나는 독자께서는 35개가 넘게 분류되는 마오리 언어의 똥 낱말에 동물의 똥도 포함된 것인지, 사물에 똥을 붙인 단어도 있는지 확인해서 알려주시면 고맙겠다. 빌 브라이슨이 한국어를 더 알았다면, 그는 분명히 한국어는 희한하게도 배고픔을 나타내는 단어도 많을뿐더러 똥을 가리키는 낱말도 유난히 많다고 한 줄 적었을 것이다.

말에 콩을 넣으면

'눈에 콩깍지가 씌었다'는 표현은 구체적으로 무엇을 나타내는 말일까? 책《정말 궁금한 우리말 100가지》는 이에 대해 두 갈래 풀이를 제시한다. 하나는 '콩깍지'가 콩알의 외피(外皮)를 가리킨다는 것이고, 다른 하나는 콩알을 덮고 있는 껍질을 가리킨다는 것이다. 이어 콩알의 외피는 반투명한 비닐 같아서 눈에 씌어졌을 경우 시야를 흐릿하게 하는 데 비해 콩 껍질로 가려진 눈은 앞을 전혀 보지 못한다고 설명한다. 책의 결론은 '콩깍지'는 콩 껍질이라는 것인데, 전혀 새롭지 않다. 콩깍지는 '콩을 털어내고 남은 껍질'이지, '콩알의 외피'가 아니기 때문이다.

이 책은 조항범 충북대 교수가 썼다. 조 교수가 누구나 아는 결론에 이르는 물음을 던진 데에는 이유가 있다고 본다. 일상생활에서 눈에 콩깍지가 씌는 상황은 발생할 확률이 제로에 가깝다는 것이 그 이유라고 나는 생각한다. 독자께서도 동의하지 않으시나? 바람이 아주 거세게 불어서 콩깍지가 날린다고 해도 눈에 붙은 뒤 그대로 있기는 불가능하지 않나?

가능하지 않은 상황에 대한 표현이 많은 사람에게 채택되기는 쉽지 않다. 매우 어렵다. 나는 '눈에 콩깍지가 씌었다'는 비유적인 표현이라고 생각한다. 나는 다음과 같이 상상했다. 이 표현은 콩깍지의 이미지에서 나왔다. 콩깍지에 콩이 담긴 모양은 감은 눈의 이미지와 비슷하다. 사람들은 콩깍지를 보면서 '눈이 눈꺼풀로 덮이지 않고 콩깍지로 덮였다면 뜨지도 못하겠네'라는 연상을 했을 게다. 그래서 '눈이 콩깍지에 씐(것 같은)'이라는 비유를 만들어냈을 것이다. 이와 관련한 단어가 콩깍지와 뜻이 같은 콩꺼풀이다. 콩꺼풀은 사전에 오르지 못했지만 실제로 쓰였다. 다음은 박완서 소설《그 산이 정말 거기 있었을까》에 나오는 말이다.

"물장수를 아무나 하는 줄 아슈. 눈에 콩꺼풀이 씌워도 분수가 있지, 그걸 못 알아본 건 내 불찰이지만 그래도 그렇지, 세상물정을 그렇게 모르면서 딴 장사도 아니고 어떻게 물장사를 할 엄두를 내나, 내길. 학생은 장사는 틀렸어."

사설이 길었다. 우리말에는 '콩'이 들어간 속담이나 관용구가 많다. 콩이 들어간 낱말도 많다. 예를 들면 콩고물, 콩나물, 콩알, 콩밭, 콩타작, 콩팥, 콩국, 콩국수, 콩장, 콩밥, 콩엿, 콩가루 등이 있다. 우리말에 콩이 들어간 말과 관용구, 속담이 많은 배경은 콩을 오랫동안 재배하고 먹어왔다는 사실이다. 콩의 원산지는 만주와 한반도 북부로 분석됐다. 식물의 원산지를 추정하는 기준은 변이종의 수인데, 이곳의 변이종이 가장 많은 것으로 조사됐다고 책《세상을 바꾼 음식 이야기》는 전한다.

콩은 한반도 일대에서 가장 오랫동안 자랐고 종이 많이 갈라졌고, 많이 재배되고 식탁에 올랐다. 종이 많으면 이름도 많아진다. 사람들이 오랜 세월에 걸쳐 콩을 재배하고 먹으면서 더 많은 낱말을 지어낸다. 콩은 대두(大豆)라고 하고 소두(小豆)는 팥이다. 콩을 가리키는 다른 한자로 숙(菽)이 있다. 콩과 보리를 분간하는 일조차 못하는 사람을 숙맥(菽麥)이라고 한다. 숙맥은 숙맥불변(菽麥不辨)을 줄인 말이다.

콩의 원산지가 한반도 일대라는 말은 제한적으로 이해해야 한다. 다른 곳이 원산지인 콩도 여럿이다. 렌틸콩은 남부 유럽 지중해 연안이 원산지다. 강낭콩은 원산지가 멕시코 중앙부에서 과테말라, 온두라스 일대다. 중국 남부를 통해 한국에 들어왔다고 한다. 강낭콩은 색이 붉고, 꽃은 빨갛거나 보라색이다. 강낭콩 꽃은 변영로의 시 〈논개〉에서 푸르다고 표현됐다.

거룩한 분노는 / 종교보다도 깊고 / 불붙는 정열은 / 사랑보다도 강하다 /

아! 강낭콩 꽃보다도 더 푸른 / 그 물결 위에 / 양귀비꽃보다도 더 붉은 /

그 마음 흘러라

강낭콩이 무슨 색인지 모르는 사람들이 많아져서일까. 요즘 들어 이 시를 '강낭콩보다도 더 푸른 그 물결 위에'라고 인용한 기사가 많아졌다. 이렇게 바뀐 구절이 앞으로 점점 더 사람들의 입에 오를지도 모를 일이다.

콩이 어떻게 하늘까지 자랄까

보라색 꽃을 송이송이 드리운 등나무를 지날 때면 〈잭과 콩나무〉 이야기를 떠올리곤 했다. 아울러 '콩나무'라는 번역에 고개를 갸웃거리곤 했다. 홀어머니와 함께 사는 잭이 소 팔아 겨우 콩 한 알을 받아오는데, 그 콩을 심었더니 하룻밤 만에 하늘을 뚫고 자라고…. 아무리 호랑이 담배 먹던 시절 얘기라지만 콩에서 난 싹이 자라 우람한 나무가 된다고 했을까. 콩은 한해살이 식물이다. 혹시 원래 이야기 속의 씨가 콩이 아니라 등나무 열매 아니었을까? 등나무 넝쿨은 감고 올라갈 수만 있으면 끝없이 자라는 듯 보였다. 등나무가 콩나무보다는 그럴싸하다고 생각했다. 확인해보니 내 상상이 지나쳤다. 등나무를 가리키는 영어 단어는 'rattan'이다. 동화의 영어 제목은 'Jack and the Bean Tree'다.

하지만 'bean tree'를 콩나무로 옮긴 번역도 딱 맞아떨어지지는 않는다. 우리말에 콩나물이라는 단어는 있어도 콩나무는 없다. 국어사전에도 나오지 않는다. 사전을 찾아보면 'bean tree'는 '콩깍지 비슷한 열매를 맺는 각종 나무'를 가리킨다. 'bean tree'로 불리는 나무는 여러 가지다. 그 가운데 하나가 캐럽(carob) 빈 트리다. 캐럽은 지중해 연안에서 자라는 상록수로, 초콜릿 맛 나는 암갈색 열매를 맺는다. 보석 무게를 나타내는 단위인 캐럿이 바로 이 캐럽에서 유래됐다. 캐럽 콩 한 알의 무게는 약 0.2그램이다. 캐럽은 구주콩나무라고 불린다. 온라인백과사전 위키피디아를 찾아보면 'bean tree' 여러 종 가운데 캐럽이 가장 위에 올랐다. 원작은 여러 종 가운데 어떤 것인지 명시하지 않았지만, 국내 독자에게는 예컨대 '구주콩나무'라고 의역하는 편이 더 낫지 않았을까.

식생(植生)의 차이에서 비롯된 번역의 어려움이다. 서양에서 자라는 'bean tree'에서 bean은 우리네 콩과 다르다. 서양에는 동양의 콩이 낯선 식물이다. 그래서 영어에서는 콩, 대두(大豆)를 bean과 구별하려고 'soy bean'이라고 부른다. soy는 간장이다. 서양에는 간장이 먼저 들어가고 그다음에 관련된 식물이 알려져 대두는 'soy bean'이 되지 않았을까 상상해본다. 대두가 soy bean으로 불리자 간장은 'soy sauce'라는 새 이름을 얻었고, 그러다가 soy에는 '간장' 외에 '콩'이라는 뜻도 추가됐다고 나는 추정한다.

언어는 문화에 따라 빚어진다. 우리는 '파'가 먼저고, 서양에서 들어온 'onion'에는 '양(洋)파'라는 이름을 주었다. 서양에서는 onion 이 먼저다. 그래서 우리가 '파'라고 부르는 식물을 영어에서는 'green onion'이나 'spring onion'이라는 이름으로 재배하고 먹는다.

영어에선 강낭콩을 'kidney bean'이라고 부른다. 강낭콩을 보고 "와, 꼭 신장(腎臟)같이 생겼다"고 말하다가 그런 이름을 붙인 것이 겠다. 신장은 우리말로는 콩팥이다. "저 장기는 꼭 콩이나 팥처럼 생겼다"고 말하다가 콩팥을 이름으로 정했으리라. '콩팥'과 '신장 콩(kidney bean)', 농경문화와 유목문화의 차이를 잘 드러내는 단어 다. 한편 팥에 해당하는 영어 단어는 'red bean'이다.

우리는 달도 별도 구름에 가린 깜깜한 밤을 '칠흑 같은 밤'이라 고 묘사한다. 우리말에선 검은 상태를 옻칠한 것 같다고 연상해 칠 흑(漆黑)이라는 단어를 만들었다. 영어에선 'pitch black'이나 'pitch dark' 같은 표현을 쓴다. pitch는 역청이라고 번역하는데, '원유 따 위를 증류하고 난 뒤 남는 검은 찌꺼기'를 뜻한다. 두 표현의 차이 는 공업 사회와 농경 사회의 그것이지 싶다.

기회를 별러, 결의를 벼리고

'글은 생각을 벼리는 도구입니다.' 나는 내가 쓴 글쓰기 길잡이 책인 《일하는 문장들》이나 《백우진의 글쓰기 도구상자》에 사인을 할 때면 이 문구를 적곤 했다. 이 문구를 보고 '벼리다'라는 낱말이 낯설다고 하는 분이 간혹 있었다. '벼리다'는 '무디어진 연장의 날을 불에 달구어 두드려서 날카롭게 만든다'는 뜻이다. 벼리는 작업에는 쇠로 된 연장을 불로 달구는 과정이 필요하다. 그래서 일반 가정집에서는 칼이나 낫을 벼리지 못하고 숫돌에 간다. 연장을 벼리기 위해서는 대장간에 가져간다. 사전의 예문을 가져오면 다음과 같다.

- 대장장이는 이글이글 타는 참나무 숯불에 쇠를 달구고 힘찬 망치질로

날을 벼리었다.

- 어느 날 아침에 안집 식모는 식칼을 벼려 달라고 대장간으로 가지고 나
  왔다.

'벼리다'는 비유적으로 '마음이나 의지를 가다듬고 단련해 강하
게 하다'는 의미로 활용된다. '그는 다가오는 대회에서는 기필코 개
인 기록을 세우겠노라며 결의를 벼렸다'라는 식으로 쓴다.

'글은 생각을 벼리는 도구'라는 문장으로 돌아오면, 글은 단순히
말을 문자로 옮긴 결과물이 아니다. 말로 표현되는 생각과 글로 표
현되는 생각은 '물성'이 다를 수 있다. 생각을 글로 정리하면, 그 과
정에서 새로운 성분이 추가되고 짜임새가 달라지고 없던 무늬가
표현될 수 있다. 따라서 글을 쓰는 과정은 생각을 가다듬고 숙성시
키면서 발전시키는 과정이기도 하다. 그래서 '글은 생각을 벼리는
도구'인 것이다.

'벼리다'에 해당하는 영어 한 단어는 없지 싶다. 'sharpen'은 달구
는 과정이 없어서 '벼리다'에 대응하지 않는다. 영어로 '벼리다'는
'put an edge on a knife by forging'이나 'forge a blade on'처럼 설명
해야 한다.

'벼리다'와 가끔 혼동되는 단어가 '벼르다'이다. '벼르다'는 '어떤
일을 이루려고 마음속으로 준비를 단단히 하고 기회를 엿보다'이
다. '결전을 벼르다'는 식으로 쓰인다. '벼르다'의 과거형은 '별렀다'

로 쓰인다. 그래서 '그는 5월 안으로 사표를 내야겠다고 벼르고 별렀으면서도 차일피일하고 있었다'는 식으로 활용된다. 아주 드물지만 '벼르다' 자리에 '벼리다'를 쓰는 분이 있다. '벼르고 벼르던 여행을 마침내 떠났다'라고 하는 대신 '벼리고 벼리던 여행을 마침내 떠났다'라고 쓰는 것이다. '벼리다'와 '벼르다'는 비슷한 발음 외에 연관이 없다.

발음이 가까운 다른 단어로 명사 '벼리'가 있다. 벼리는 그물의 위쪽 코를 꿰어놓은 줄을 가리킨다. 벼리를 잡아당기면 그물이 오므려진다. 벼리는 비유적으로 일이나 글의 줄거리라는 뜻으로 쓰인다. 벼리도 대응하는 한 단어 영어가 없는 낱말이다. 한영사전을 찾아보면 'the guide ropes at the edge of a fishing net'라고 설명한다. 한자로는 '강(綱)'이라고 한다. 강령(綱領)은 '일을 해나갈 때 지켜야 할 주요 원칙'을 뜻한다. 대개 정당이나 사회단체 등이 제정한 입장·방침·규범의 조합을 가리키는 데 쓰인다.

공부에서 가장 중요한 것이 벼리이다. 벼리로 당겨지지 않는 단편적인 지식은 아무리 많이 모아봐야 잡동사니일 뿐이다. 새로운 사실을 접하면 그 사실이 자신의 기존 지식체계에서 어느 부분에 해당하는지 생각해봐야 한다. 가지에 추가로 붙일 잎인지, 새로운 가지라면 어디에서 뻗어나간 가지인지 위치를 잡아줘야 한다. 기존 가지를 잘라내고 그 자리에 새로운 지식의 가지를 붙여야 할 때도 생긴다. 외부 사실 및 지식과 자신의 기존 지식체계 사이에 이런 교류를 끊임없이 하는 사람이 지식인이다.

벼리를 잡아 공부했으되 새로 생겨나고 축적되는 사실과 현상과 지식을 받아들이지 않는 사람은 화석이 된다. 새로운 지식을 왕성하게 섭취하지만 벼리가 없는 채로 그렇게 하는 사람은 지식체계와 사유의 줄기를 세우지 못한다.

우리는 결의를 벼리고 벼리를 잡아 준비를 해나가면 벼르던 기회에서 좋은 성과를 거둘 수 있다.

서슬은 무섭고
윤슬은 예쁘다

이 책을 쓰면서 찾아보고 생각해본 것 하나가 외국어, 주로 영어와 비교한 우리말의 특징이나 독특한 부분이다. 이런 측면에서 우리말에만 있는 단어도 살펴봤다. '서슬'도 그런 단어다. 서슬은 '쇠붙이로 만든 연장이나 유리 조각 따위의 날카로운 부분'을 가리키고, 여기에서 '강하고 날카로운 기세'를 비유하게 됐다.

영어에는 서슬이라는 단어가 없다. 'the sharpness of a blade'처럼 풀어서 설명해야 한다. 우리말과 가장 가까운 언어인 일본어는 어떨까. 한일사전도 서슬을 '날붙이 따위의 날카로운 부분' 등으로 서술한다. 일본어에도 서슬에 해당하는 단어는 없는 듯하다.

더 흥미로운 부분은 우리말에서는 '서슬'을 '파랗다'거나 '퍼렇다'고 표현한다는 점이다. 예를 들어 '서슬 퍼런 칼이 목에 들어와도'

'서슬이 퍼런 눈빛' '서슬 퍼런 목소리' 등으로 쓰인다. 한자 단어에
는 '백인(白刃)'이라는 게 있다. '서슬이 반짝이는 날카로운 칼날'을
뜻한다. 우리말로는 서슬을 파랗게 느끼는데, 한자어에서는 하얗게
받아들이는 것이다. 날카로울수록 날이 파랗다고 비유적으로 묘사
하는 언어는 우리말 외에는 없지 싶다.

'슬'로 끝나는 순우리말은 서슬, 사슬, 벼슬을 빼면 예쁘다. 이슬
과 구슬이 있고 윤슬이 있다. 윤슬은 많은 사람이 좋아하는 단어다.
'햇빛이나 달빛에 비치어 반짝이는 잔물결'을 뜻한다.

윤슬은 서울로7017에 공모를 통해 조성된 공공미술 작품의 이
름이기도 하다. 서울로7017에서 서울역을 왼쪽으로 끼고 돌아 만
리동으로 내려가는 끝자락에 있다. 공공미술 작품의 전체 이름은
'윤슬: 서울을 비추는 만리동'이다. 얼핏 둥그런 태양광 판으로 보
이는 이 작품은 직경이 25m이고 지면 아래 4m 깊이 공간으로 들
어간다. 내부 공간에 서면 천장을 통해 들어오는 빛이 마치 잔잔한
물결에 반사돼 일렁이는 듯한 느낌을 준다고 한다.

이 작품의 작가 강예린 건축가는 "윤슬은 햇빛이나 달빛에 비치
어 반짝이는 잔물결을 의미하는 순우리말로, 서울로7017로 인해
생겨나는 '오르고 내리고 올려보고 내려다보는 행위'의 경험을 증
폭시키는 장치가 되어 시민이 서울의 새로운 모습을 느끼고 경험
하며 예술적 상상력을 자극하도록 설계했다"고 설명했다고 한 언
론매체는 전했다.

윤슬과 비슷한 낱말로 '물비늘'이 있다. 물비늘은 잔잔한 물결이 햇살 따위에 비치는 모양을 이르는 말이다.

한 시간이나 지났을까. 이윽고 해가 들어 물안개는 스러지고 어둠에 숨어 있던 물비늘이 금빛으로 돋아나 반짝거린다.

_2000년 4월 8일 자 〈중앙일보〉,
이만훈 기자의 '시골길 산책' 중에서

윤슬과 서슬은 둘 다 '슬'로 끝나고 모두 반짝이는 빛과 관련 있는 단어다. 서슬은 살상, 폭력, 위압, 두려움 등을 연상하게 한다. 윤슬은 섬세함, 미묘함, 따스함 등을 떠올리게 한다.

마실 때 나는 소리

우리는 보통 음식을 먹거나 음료를 마실 때 상대방에 대한 예의를 지키기 위해 입안에서의 소리가 새어 나가지 않도록 주의합니다. 하지만 커피를 마실 때는 상황이 다릅니다. 커피 본연의 맛을 느끼기 위해서는 크게 소리 내어 마셔야 한다는 것이죠. 바로 '슬러핑(Slurping, 후루룩 소리 내어 마시기)' 입니다.

뜨거운 국물을 마시듯 커피도 '후루룩' 마시거나, '스읍' 하는 소리와 함께 흡입해야 합니다. 그 이유는 공기와 함께 커피를 흡입해야 커피의 향이 입안에 가득 채워지기 때문입니다.

_2017년 11월 26일 자 〈중앙일보〉,
'후루룩 소리 내서 커피 마시면 무식한 건가요?' 중에서

위 기사에는 영어 단어 'slurp'의 동명사형이 나온다. 기사에서 설명한 것처럼 'slurp'는 후루룩 소리 내 마시는 동작을 표현하는 단어다. 'slurp'보다 작은 동사가 'sip'이라고 할 수 있다. sip은 사전에서 '홀짝거리다' '찔끔찔끔 마시다' '조금씩 마시다'라고 풀이된다. sip은 이렇게 하면 쉽게 느낄 수 있다. 컵에 음료수를 찰랑찰랑 채운다. 입을 컵 가장자리에 대고 음료수를 빨아들인다. 그렇게 액체의 작은 모금을 공기와 함께 들이마시면 나는 소리가 바로 sip이다.

sip은 우리말 표기로는 '스읍 마시다'라고 적는 게 가장 적확하다고 나는 생각한다. 이는 기사 본문 중 들어간 '스읍'이라는 표기가 방증한다고 본다. sip은 소리 측면에서 사전이 풀이하는 '홀짝'이나 '찔끔'과는 거리가 멀다. '스읍'은 아직 사전에는 오르지 못했지만, 종종 쓰이고 있다. 다음은 기사 중 두 건의 해당 부분이다.

그는 평소 말을 할 때도 5~6초에 한 번씩 '스읍~' 하며 침을 삼킨다. 도로 교통 시설물 제작업체에서 설계를 담당하는 그는 11년 전 설암(舌癌) 수술을 받았다. 암세포를 제거하기 위해 혀와 턱의 80%를 잘라내 아래쪽 입안에는 어금니 두 개밖에 남지 않았다. 말을 하면 침이 새기 때문에 자주 침을 삼켜야 한다고 했다.

_2010년 10월 24일 자 〈중앙선데이〉,
'일만 하다 죽으면 억울하죠, 즐기면서 삽시다' 중에서 주인장 말대로 세 점째 닭날개를 입에 넣는 순간 입에 침이 고이면서 "스읍" 하는 소리가 절로 나온다.

_2013년 10월 16일 자 〈경남도민일보〉,
'도저히 빠져나올 수 없는 제대로 된 매운맛' 중에서

우리말에서 이 단어는 액체보다는 공기를 들이마시는 데 더 자주 활용된다. 예를 들어 "'스읍' 하고 깊이 들이마시면 머리끝까지 알싸해지는 나무 냄새" "복식호흡은 들숨을 '스읍~' 하고 끝까지 들이마신 다음 단전을 의식하며 '후우~' 하고 숨을 내쉬면 된다"는 식으로 쓰인다. 반대로 영어에서 sip은 액체를 마시는 경우에만 쓰인다. 공기를 들이마시는 동작을 나타내는 'inhale'의 동의어들에는 sip과 발음이 비슷한 것이 없다.

한편 sip과 비슷한 발음이 'sp'이고, 영어에서 'sp'로 시작하는 단어는 물과 관련이 있는 게 여럿이다.

- spray, sprinkle 물을 뿌리다
- splash, splatter 후드득 떨어지다
- spit 침을 뱉다
- spill 흘리다

다른 사람은 어떤지 몰라도, 나는 '스읍 마시다'라는 표현이 필요

했다. 영어 책을 번역하면서 sip을 사전에 따라 '조금씩 마시다'라 거나 '홀짝홀짝 마시다'로 옮기는 게 흡족하지 않았다. 그러다 보니 '스읍'이라는 표기를 생각해냈다. 이어 다른 사람들도 종종 '스읍'이 라고 표기한다는 사실을 접하게 됐다.

한글을 통해 우리글은 온갖 소리를 품을 수 있게 됐다. 그 가능성 을 충분히 누렸으면 하는 게 내 바람이다.

모음의 감각

끄떡, 덥석, 갸우뚱, 기웃기웃, 방긋방긋, 촐랑촐랑, 들썩들썩, 헐레벌떡, 엎치락뒤치락, 붉으락푸르락, 알록달록, 울긋불긋, 반짝반짝…. 우리말의 의태어들이다. 의태어는 사람이나 사물의 모양·행동을 묘사하는 낱말을 가리킨다. 의태어는 소리를 흉내 낸 의성어와 함께 상징어에 속한다. 우리말의 특징은 고유어로 된 상징어가 매우 발달했다는 점이다. 《국어국문학자료사전》에 따르면 특히 의성어보다도 의태어가 더 발달했다.

상징어는 모음조화를 잘 따른다. '알록달록'을 '얼룩덜룩'이라고 바꿔서 쓰는 것처럼, '아'와 '오'가 함께 어울리게 하고 '어'는 '우'와 같이 쓴다. 이런 조합의 예를 더 들면, '노랗다-누렇다' '파랗다-퍼렇다' 등이 있다. 모음조화는 한국어를 비롯한 알타이제어는 물론

이고 우랄제어에서도 널리 나타나는 공통 특질의 하나라고《국어국문학자료사전》은 설명한다. '알타이제어' '우랄제어'에서 '제어(諸語)'는 '여러 언어'라는 뜻이다. '알타이어족' 및 '우랄어족' 가설이 폐기된 이후 이들 어족으로 분류됐던 언어들은 각각 이렇게 불리게 됐다.

한국어에서 모음조화는 양성모음은 양성모음끼리, 음성모음은 음성모음끼리 모이는 양상으로 이뤄진다. 터키어는 전설모음은 전설모음끼리, 원순모음은 원순모음끼리 쓰이는 모음조화를 따른다. 어간에 전설모음이 있으면 그 뒤에 전설모음이 오고, 어간에 원순모음이 있으면 그 다음에 원순모음이 오는 것이다. 전설모음은 혀를 앞에 두고 발음하는 모음으로, 이, 위, 에, 외, 애 등이다. 후설모음은 으, 어, 아, 우, 오 등이다. 원순모음은 입술을 둥글게 오므려 내는 모음이고 위, 외, 우, 오 등이다.

아, 오 같은 양성모음은 입을 크게 벌려서 내는 소리로 가볍고 밝고 작고 빠른 느낌을 준다. 양성모음은 강모음, 밝은홀소리, 센홀소리라고도 불린다. 음성모음은 어, 우 등으로 어감이 무겁고 어둡다.

한국말을 써온 언중은 모음조화는 물론이요, 양성모음과 음성모음의 차이와 반대되는 느낌을 뚜렷이 인식하고 있었다. 이는 우리말 속담 '아 다르고 어 다르다'에서 확인된다. 즉, 우리 언중은 '아'와 '어'가 한 조합이고 '우'가 '오'의 반대 음가라고 여겼다. 나아가 '야'는 '아'에서, '여'는 '어'에서 갈라져 나왔다고 인식한 것으로 추측된다.

　이런 인식이 배경에 있었기 때문에 세종이 한글 모음의 글꼴을 이렇게 만든 것이다. 그래서 훈민정음의 모음이 조합형이면서도 직관적이고 간결해진 것이다. 세계 어느 문자를 살펴보라. 자음은 말할 것도 없거니와 모음에서도 이런 직관성을 찾아볼 수 없다. 세종이 한글 모음에서 발휘한 독창성에는 우리 언중의 모음에 대한 깊은 이해도 바탕이 됐다.

준첩어가 올망졸망

　우리는 말맛을 살리려고 말꼬리에 변화를 많이 준다. '야물딱지게'에 들어간 '딱'도 그런 예다. '야무지다'에 '딱'을 넣어 딱 부러진 맛을 가미했다. '철이 없다'는 점을 강조하려면 '철'이 아니라 '철딱서니'가 없다고 말한다.

　말맛의 잔치는 준첩어(準疊語)에서 가장 화려하게 펼쳐진다. 첩어는 겹치는 말이다. '겹겹이' '줄줄이' '찰랑찰랑' '두런두런'처럼 의태어와 의성어에 많다. 준첩어는 첩어에서 한 글자가 바뀐 단어를 가리킨다. 준첩어는 첩어보다 한결 세련된 느낌을 준다. 네 글자와 여섯 글자 준첩어를 몇 가지 열거하면 다음과 같다.

　　가시버시 갈팡질팡 곰비임비 그나저나 그럭저럭

눈치코치 뒤죽박죽 들락날락 들쭉날쭉 아기자기

아등바등 아롱다롱 아리까리 아옹다옹 안달복달

알쏭달쏭 알콩달콩 애면글면 어리바리 억박적박

얼기설기 이나저나 이도저도 이런저런 흥청망청

곤드레만드레 미주알고주알 어중이떠중이 흥이야항이야 휘뚜루마뚜루

세계 모든 언어에는 첩어가 있고, 준첩어도 있으리라고 짐작된다. 네 글자로 된 한자어에도 준첩어가 있다. 좌지우지, 이판사판 등을 예로 들 수 있다. 우리말에서 준첩어가 만들어진 데에는 한자어 영향도 있었던 것으로 보인다.

영어에도 첩어와 준첩어가 있다. 첩어는 예를 들면 'bling-bling(번쩍번쩍)'이 있다. 준첩어는 'okey-dokey(오케이)' 'topsy-turvy(뒤죽박죽)' 'hodge-podge(뒤범벅)' 'roly-poly(오동통하다)' 'wishy-washy(흐리멍덩하다)' 'flip-flop(표변하다)' 'dingle-dangle(대롱대롱)' 같은 단어가 만들어졌다. 프랑스 단어로는 'comme ci, comme ça(콤시콤사·그럭저럭)'가 있다.

영어 준첩어는 그러나 한국어만큼 풍부하지 않다. 논문 〈국어준첩어의 음운교체경향에 대하여〉(김성열, 1985)가 조사한 결과 우리말 사전에는 준첩어가 110여 개 올라 있다. 영어 준첩어는 위에 열거한 7가지보다 더 많지만 자주 쓰이지는 않는다.

밤하늘에는 별이 총총, 우리말에는 준첩어가 첩첩. 우리말과 가

장 가까운 일본어도 비슷할까? 이인영 외국어대 일본어과 교수는 "한 논문에서 준첩어 14개를 예로 들었다"며 "일본어 준첩어는 우리말보다는 적은 듯하다"고 전했다. 이 교수는 몇 가지 예로 'とたばた(도타바타·우당탕)' 'ぎくしゃく(기쿠샤쿠·딱딱하다)' 'あたふた(아타후타·허겁지겁)' 등을 들었다.

　나는 한국어는 세계 언어 중에 준첩어가 아주 많은 축에 속한다는 가설을 이 글에서 제시한다. 우리말 준첩어는 계속 만들어진다. 최근에는 '듬북담북' 같은 낱말이 추가됐다. 북엇국집 이름이다. 어느 빵집 이름은 '동네빵네'다. 찻집 옥호로 '오매가매'는 어떤가. 이름을 지을 때 한 번쯤 준첩어의 원리를 적용해봄 직하다.

1. 단어가 공간에 녹아든 사연

대롱대롱 블링블링

영어 단어 'tantara'는 나팔 따위의 소리를 나타내는 의성어다. 의성어는 나라마다 다르다. 우리말은 개가 '멍멍' 짖는다고 하고, 영어에서는 'bow-wow'라고 한다. 우리말에서는 방구를 '뽕' 뀐다고 하는데, 영어에서는 'fart'라는 동사를 쓴다. 우리는 트림을 '끄윽' '커억' 하고 하지만, 영어권 사람들은 'burp' 한다. 잠시 퀴즈 하나. "What color is a burp?" 답은 'burple'이다. 'purple'이라는 단어와 'burp'를 조합한 'pun(말장난)'이다.

소리가 주는 느낌으로 배울 의성어 영어 단어가 제법 많다. 'thump'는 '쿵 하고 떨어뜨리다'라는 동사다. 비슷한 어감의 'dump' 는 '쓰레기 같은 것을 버리다'라는 단어다. 'hiccup'은 딸꾹질, 'babble'은 조잘대다, 'splash'는 물 따위를 철벅 튀기다, 'rattle'은 덜

걸덜걱 울리다, 'clink'는 쨍 울리게 하다, 'clank'는 금속 등이 부딪혀 나는 철꺽 소리다. 지금까지 열거한 영어 의성어는 우리말과 차이가 난다.

우리말과 영어는 의태어도 많이 다르다. '반짝반짝'에 해당하는 영어 단어가 'twinkle'이고, '깜박거리다'는 'flicker', '번쩍이다'는 'flash'다. 'flare'는 '불길이 너울거리며 타다'를 뜻한다. 뒤에 있는 세 단어의 공통점은 'fl'로 시작한다는 것이다. 빛의 움직임을 상징적으로 나타낼 때 영어에서는 'fl' 발음을 쓴다고 한다.

'bl'도 'fl'과 비슷한 음소로 기능한다. 'blare'는 나팔 따위의 요란한 소리를 가리키지만, 빛의 눈부심을 뜻하기도 한다. 'bling-bling'은 '값비싼 보석으로 치장하고 화려하게 차려입은'을 뜻한다. 그런 차림으로 조명 아래에 서면 귀금속이 번쩍이게 마련이다. 이런 측면에서 bling-bling의 'bl'도 빛을 표현하는 데 쓰였다.

드물게 우리말과 영어에서 뜻과 음이 모두 비슷한 의태어가 있다. '대롱대롱'과 'dangle'이다. dangle은 '매달리다'는 동사고 대롱대롱은 부사이지만 두 낱말은 어감과 쓰임새가 비슷하다. 특히 영어에서 몇 안 되는 준첩어인 'dingle-dangle'은 부사이고 뜻도 대롱대롱이다.

《두산백과》'의태어' 항목에 따르면 유럽 언어는 의태어가 발달하지 않았다. 영어에는 위에서 든 단어 외의 의태어는 많지 않다고 추정된다. 한국어에는 의태어가 많을뿐더러 한 단어가 여러 갈래로 나뉜다. 모음을 바꿔서 미묘한 어감의 차이를 드러낸다. 예컨대 '팔락이다-펄럭이다' '반짝이다-번쩍이다' '깜박이다-껌벅이다'로 변화한다. 게다가 어미를 바꿔 '펄럭이다'를 '펄럭대다' '펄럭거리다' 등으로 표현할 수 있다. 우리말이 표현력이 풍부하므로 영어보다 낫다고 주장하려는 건 아니다. 우리말의 본질과 특성은 다른 언어와 비교함으로써 드러난다. 우리말은 영어에 비해 단어 양태의 결을 잘 살리는 언어라고 나는 생각한다.

소리에 가깝게 받아쓰기

한자는 수만 개에 이른다. 그래서 얼핏 중국어는 음절도 아주 많으리라는 생각이 든다. 그러나 실상은 그런 생각과 크게 다르다. 중국어는 음절로 구분하면 410개에 불과하다. 일본어의 음절은 이보다 훨씬 적은 몇십 개에 불과하다. 그래서 일본어 소리는 한자를 빌려서 수월하게 표현할 수 있다.

우리말은 일본어는 물론 중국어와 비교해서도 소리가 풍부하다. 우리말의 음절은 일상적으로 쓰이는 것만 추려도 1,500가지에 이른다. 한자로 적지 못하는 우리말 음절이 1,000개가 넘는 것이다. 한글은 이처럼 소리가 다양한 우리말을 온전히 담아내는 문자다. 게다가 우리말에 쓰이지 않는 소리까지 능히 표현 가능한 문자다. 하나만 예를 들라면 '뷁'이 떠오른다. 한글이 세상 언어의 모든 소리를 기록할 수 있는 문자라고 주장하는 것은 아니다. 언어마다 다른 언어에는 없는 독특한 소리가 있다. 우리말은 모든 음소를 포함하지 않고, 그래서 한글도 모든 소리를 아우르지는 않는다.

말소리의 가짓수와 말소리를 나타내는 문자라는 관점에서 '중국어-한자' '일본어-히라가나' '한국어-한글'을 비교하는 흥미로운 실험이 가능하다. 한·중·일 세 나라의 학생들을 대상으로 익숙하지 않은 소리를 들려주고 자기네 문자로 받아 적게 하는 것이다. 이는 어느 나라 학생들이 각 소리를 가장 정확하게 표기했는지를 가르는 실험이 아니다. 학생들이 받아쓴 답의 편차가 가장 작은 나라가 어디인지를 평가하는 실험이다. 내 예상에 한국 학생들의 답안이 가장 비슷할 듯하다. 왜냐하면 한국 학생들은 소리에 가장 가깝게 적을 수 있는 문자인 한글을 구사하기 때문이다. 실제로 EBS에서 여러 나라 학생들을 대상으로 생소한 소리 받아쓰기 실험을 한 적이 있다. 실험 결과는 내 예상과 비슷하게 나온 것으로 기억한다.

구체적으로 들어가서, 한자로 표현되지 못하는 우리말 음절에는 어떤 게 있을까. 얼굴의 '볼', '봅시다'의 '봅', '숨을 쉬다'의 '숨', 우리가 늘 먹는 '밥', 채소를 재배하는 '밭', 솜씨의 '솜', 딱따구리의 '딱', '따따부따'의 '따', '아주 쉽다'의 '쉽' 등을 예로 들 수 있다.

궁하면 변한다고, 우리 선조는 없는 소리에 해당하는 한자를 만들기도 했다. '놀'은 '노(奴)'에 '을(乙)'을 받쳐서 '㐐'로 썼다. '볼'은 '보(甫)'에 '을(乙)'을 받쳐서 '乶'이라고 적었다. '솜'은 '소운(素雲)'이라고 적고 '솜'이라고 읽었다. 음이 일치하지 않지만 아쉬운 대로 그렇게 활용했다. 그러나 이런 변통은 한계가 뚜렷했다. 한자를 응용하는 방식으로는 빈 소리를 전부 채울 수 없었다.

이처럼 한자음이 우리말 음절에 비해 태부족하다는 사정 때문에 우리는 수천 년 동안 한자를 쓰면서도 한자음을 빌려 우리말을 기록하는 단계에는 이르지 못했다. 즉, 신라시대에 설총이 집대성했다는 이두(吏讀)는 천 년 넘게 쓰이면서도 우리 문자 생활에서 주류로 자리 잡지 못했다.

여기서 잠깐 이두 표기법을 활용한 사례를 살펴보자.

고목(告目), 근각(根脚), 뎨김(題音).

고목은 '아랫사람이 윗사람에게 쓴 보고서나 편지'를 뜻하고 근각은 '죄를 범한 사람의 이름, 생년월일, 죄상, 인상, 조상(祖上)에 관한 사항을 기록한 표'를 가리킨다. 뎨김은 백성이 관부(官府)에 제출한 소장(訴狀), 청원서, 진정서에 대해 관부에서 써주는 판결문을 일컫는데, '제김'이라고도 한다.

우리와 달리 일본은 한자를 차용해 만든 자기네 문자를 줄곧 쓰고 있다. 일본 문자는 일본어의 음을 나타내기 위해 한자 모양을 간략하게 변형해 만든 것이다. 이것이 가능해진 근본 배경은 일본어 음절이 한자 음절보다 훨씬 적다는 것이다.

온갖 소리를 표현하는 우리말이 아니었다면 세종은 훈민정음을 창제할 필요를 느끼지 않았을 것이다. 훈민정음은 소리가 풍부한 우리말이라는 바탕에 세종이 천재성을 유감없이 발휘한 인류 지적 유산의 결작이다.

유의어 사전

미국 매거진 〈뉴요커〉에 '로젯의 브론토사우루스'라는 제목의 카툰이 실린 적이 있다. 이 거대한 공룡의 말풍선에는 'big'과 동의어·유의어가 열거됐다. 영어에 big의 동의어·유의어는 몇 개나 될까. 카툰에는 large, great, huge, considerable, bulky, voluminous, ample, massive, capacious, spacious, mighty, towering, monstrous 등이 실렸다. 그러나 영어에는 더 많은 단어가 big 자리에 쓰일 수 있다. 열 개만 더 들면, colossal, enormous, gargantuan, gigantic, hefty, hulking, humongous, husky, immense, jumbo가 있다. 여기서 끝나지 않는다. 추가로 열 가지를 더 꼽을 수 있는데, leviathan, mammoth, mountainous, vast, prodigious, sizable, substantial, tremendous, weighty, whopping이 있다. 여기 적힌 단어는 33개다.

한국어에 '크다'라는 단어의 동의어·유의어로는 무엇무엇이 있을까. 주식회사 낱말이 네이버에 제공한 '관련 어휘'를 보면 '거대하다' '비대하다' '굉장하다' '광대하다' '너르다' '길다' 등이 있다. 이밖에 '엄청나다' '어마어마하다'가 있고 어미에 변화를 준 단어로는 '커다랗다' '큼지막하다' '기다랗다' '널찍하다' '크나크다'가 있다. 여기 열거된 낱말은 13개다.

주식회사 낱말은 1987년에 《유의어·반의어 사전》을 펴냈다. 나는 이 사전의 2000년 판을 갖고 있다. 편자인 김광해 당시 서울대 국어교육과 교수는 이 사전의 머리말에서 "그의 언어의 한계는 세계의 한계이다"라는 언어철학자 루트비히 비트겐슈타인의 말을 인용하고 "유의어를 많이 안다는 것은 어휘력이 풍부하다는 것과 함께 언어적 사고력이 뛰어나다는 것을 뜻한다"고 사전을 편찬한 취지를 밝혔다.

영어를 제외하면 세상 대다수의 언어에는 유의어 사전이 없다. 책《The Miracle of Language》에 따르면 유의어 사전은 대부분 언어권에서는 생소한 개념이다. 어휘의 숫자와 구조를 볼 때 거의 필요하지 않기 때문이다. 유의어 사전은 영어로 'thesaurus'라고 불린다. 최초의 영어 유의어 사전은 1852년에 나왔다. 외과의사 피터 로젯이 이 사전을 편찬했다. 그는 앞에서 소개한 카툰의 제목에 등장한 인물이다. 김광해 교수의 노력으로 우리말도 유의어 사전을 갖게 됐지만, '크다'라는 단어의 유의어에서도 나타나듯이 유의어로 묶인 단어의 풍부함에서 우리말과 영어의 격차는 크다. 우리말과 영어 사이만 그런 게 아니다. 영어는 세계에서 가장 풍부하고 다층적인 어휘를 갖춘 언어다.

책《빌 브라이슨의 유쾌한 영어 수다》에 따르면 "영어와 다른 언어의 가장 큰 차이점은 어휘의 풍부함"이다.《웹스터 뉴 인터내셔널 사전》3판에는 45만 개,《옥스퍼드 영어 사전》개정판에는 61만 5,000개의 단어가 수록돼 있다. 빌 브라이슨은 "영어에는 일상적으로 쓰이는 단어만 20만 개에 이른다"며 "이것은 18만 4,000개인 독일어보다 많고 겨우 10만 개인 프랑스어보다 훨씬 많다"고 전한다.

영국인은 어떻게 해서, 왜 세계 최다의 어휘를 갖게 됐을까? '어떻게 해서'에 대한 답으로 영어를 휩쓸고 지나간 다양한 언어의 영향이 제시된다. 실제로 영어 어휘에는 라틴어와 프랑스어, 게르만어에 뿌리를 둔 단어가 많다. 그러나 많은 언어가 들어왔더라도 받아들이고 쓰지 않으면 그만이다. 브라이슨은 앵글로색슨인의 초기 시가를 들어 "그들은 단어에 대한 직관적인 감식력을 갖고 있었다"는 주장을 '왜'에 대한 답으로 전한다. 영웅 서사시《베어울프》의 경우 'hero'에 대항하는 단어가 36개나 등장한다. 이렇듯 다양한 단어를 만들어 활용하는 성향을 고려할 때 "영국은 한 번도 이민족의 침략을 당하지 않았더라도 동의어가 풍부한 언어가 되었으리라"고 브라이슨은 말한다.

쇼미더'라임'

믿음직 바람직 놀람직

그래서 매직

매일매일 만나봄직

SK가 만드는 생활의 매직

SK매직이 2018년 2월부터 내보낸 광고의 문구다. 이 광고는 제품이나 서비스보다는 회사 이름을 알리는 데 주안점을 뒀다. 이 취지를 살리기 위해 광고 기획자는 라임(rhyme) 기법을 택해, 문구의 부분 부분을 '직'으로 마쳤다.

영어에서 라임을 활용한 예로 다음 동시를 들 수 있다. 첫 두 행은 'star'와 'are'로, 다음 두 행은 'high'와 'sky'로 끝난다.

Twinkle twinkle little star

How I wonder what you are

Up above the world so high

Like a diamond in the sky

한시에서 라임에 해당하는 것이 압운(押韻)이다. 당나라 시인 이
백(李白)의 〈산중문답(山中問答)〉에서 압운을 찾아보자.

문여하사서벽산(問余何事棲碧山)

: 묻노니, 그대는 왜 푸른 산에 사는가

소이부답심자한(笑而不答心自閑)

: 웃을 뿐, 답은 않고 마음이 한가롭네

도화유수묘연거(桃花流水杳然去)

: 복사꽃 띄워 물은 아득히 흘러가나니

별유천지비인간(別有天地非人間)

: 별천지일세, 인간 세상 아니네

이 한시에서 산(山), 한(閑), 간(間)이 압운이다. 우리말로 옮긴 시에
서는 '한가롭네'와 '아니네'의 '네'가 있지만, 압운의 느낌은 약하다.
우리말 관용구 '운을 떼다'에서 '운'은 압운의 운을 가리킨다. 옛
날에 사람들이 모여 한시를 지을 때 한 사람이 운을 불러주면 다른

사람들은 그 운에 맞추어 시를 창작했다. 이로부터 '운을 떼다'는 어떤 이야기를 하기 위해 말을 하기 시작하는 것을 가리키게 됐다.

영시, 한시와 달리 《국어국문학자료사전》에 따르면 우리말 시에는 원래 각운이라고 할 만한 규칙이 없다. 김소월의 〈산유화〉는 예외에 해당한다. 이 시는 '산에는 꽃 피네 / 꽃이 피네 / 갈 봄 여름 없이 / 꽃이 피네 // 산에 / 산에 / 피는 꽃은 / 저만치 혼자서 피어 있네 // 산에서 우는 작은 새여 / 꽃이 좋아 / 산에서 사노라네 // 산에는 꽃 지네 / 꽃이 지네 / 갈 봄 여름 없이 / 꽃이 지네'로 시정을 펼치며 반복해서 '네'로 마치지만, 이런 시작법은 우리말 시의 규칙은 아니다.

랩에서도 라임이 중시된다. 랩은 미국 뉴욕의 흑인과 스페인계(系)의 젊은이 사이에서 1970년대 후반에 시작해 세계로 퍼진 음악 장르다. 랩은 비트와 가사로 구성되고 멜로디보다 리듬에 기반을 둔다.

한국에서는 1990년대부터 랩이 시도된다. 이후 오랫동안 영어 랩은 '쿨하고' 우리말 랩은 '구리다'고 여겨졌다. 그도 그럴 것이, 우리말 랩은 대부분 '~다'나 '~요'로만 운을 맞췄다. 그러나 많은 래퍼들이 창의력을 불어넣으면서 우리말 랩의 운이 생동하게 됐다. 김진표의 노래 〈그림자 놀이〉 랩 가사의 일부를 읊어보자.

아침부터 해는 뜨지 않고 궂은비만

하염없이 나를 울적하게 적시기만

웃어보려 난 노력하지만

다 지난 일까지도 덮쳐 미치겠어, 유난히 난

감정 기복이 너무나 심한 시간

랩이 우리말을 새롭고 절묘하게 배치해 말맛을 새롭게 일깨우며 만들어가고 있다. 이런 변화의 물결이 언젠가는 우리말 시에도 다 다르지 않을까.

법족에 계신 분

모든 게 숲으로 돌아갔다. 내 첫사랑, 안녕. 문안한 권색 난방이 잘 어울리던 그 애. 4월의 화사한 벅꽃 같은 임옥굽이의 그 애만 생각하면 항상 왜 간장이 탔다. 사소한 오예 때문에 헤어지게 된 그 애. (중략) 사소한 오예의 발단은 이랬다. 따르릉 전화가 왔다. 전화벨 소리가 참 트로트였다. '당신을 향한 나의 사랑은 무족권 무족권이야.' (중략) 늦은 밤, 신뢰를 무릎쓰고 그의 집에 전화를 걸었다. (중략) "무슨 회개망칙한 예기야? (중략) 그게니 한개다. 그리고 권투를 빈다." 어의가 없다. 역시 그런 걸까. 고정간염일 뿐이라 여겼던 애숭모 말이 맞았다. 주최할 수 없는 슬픔이 몰려온다. (중략) 너의 발여자가 될, 십자수와 꽃꽃이에도 일각연 있고, 뒷테일마저 사랑스런 나같이 나물할 때 없는 맛며느리감을 놓친 건 너의 실수.

'틀린 맞춤법으로 쓴 소설'이라는 제목으로 인터넷에서 많이 공유된 이야기다. '숲으로'는 '수포로'고 '문안한'은 '무난한'이다. '임옥굽이'는 '이목구비'이고 '왜간장'은 '애간장'이다. '애숭모'가 아니라 '외숙모'고 '발여자'가 아니라 '반려자'다.

아무리 우리말 표기에 관심이 없다고 해도, 설마 저렇게까지 틀리려고. 혹시 재치 넘치는 누군가가 일부러 지어낸 '틀린 표기'가 아닐까? 이런 생각에 인터넷을 검색해봤다. '무족권'을 치자 '휴대폰 삽니다 무족권' '버블티 포함 모든 음식 무족권 선착순입니다' '이건 무족권 가야해!' 등 제목이 달린 블로그와 카페 글이 올라왔다.

설마 '일가견'을 '일각연'이라고 쓰는 사람이 있으랴. '어의 없는' 결과가 이렇게 나왔다.

- 신혼부부나 인테리어에 일각연이 있는 사람들에게는 이미 유명한 곳이다.
- ○○○는 패션에 조예가 깊은 만큼, 인테리어에도 남다른 일각연을 보여 이날 직접 인테리어한 주방을 보여줄 예정이다.
- 입찰자격 제한에도 불구하고 중견기업 투자에 일각연 있는 운용사들이 대거 참여해 눈길을 끌었다.

'일각연'이라고 오기(誤記)된 위 인용문들은 전부 언론매체 기사의 일부다. '맞춤법을 저렇게까지 틀리진 않을 거야'라는 내 생각은

'오예'였다.

요즘에는 '법조계'를 '법쪽에'로 쓰는 사람이 적지 않다. 블로그에서 그렇게 쓴 문장을 몇 개 옮겨온다.

- 이제 알겠냐. 법쪽에 있는 쓰레기들아.
- 법쪽에 종사하시는 분이나 법을 좀 아시는 분 있나요?
- 법쪽에 계신 분, 혹은 이런 일 겪으신 분께 질문드립니다.

많이 틀리는 단어들 중 상당수가 한자에서 나온 것들이다. 필수 한자 몇백 개만 가르쳐도 이런 오기는 크게 줄어들지 않을까? 영어 교육에서는 영어의 어원을 이루는 라틴어 요소를 공부하는 게 당연하게 여겨진다. 영어 철자 말하기 대회에서 우승하는 학생의 공통적인 학습 방법이 어원을 공부해 스펠링을 유추하는 것이다. 이 방법이 도움이 되는 것은 현대 영어의 어휘는 라틴어 29%, 프랑스어 29%, 게르만어 26% 등으로 구성돼 있기 때문이다.

우리말에서 영어의 라틴어와 비슷하거나 더 중요한 역할을 하는 요소가 한자다. 한자는 2000년대부터 중·고등 교과서에서 거의 사라졌다. 요즘 거론되는 초등학교 교과서 한자병기는 효과보다 역효과가 더 걱정된다. 그 대신 중·고등 국어 과목에 한해 한자를 병기한 교과서를 선택할 수 있도록 하는 방안을 제안한다.

아재개그를 위한 변명

'아재개그'는 '아, 쟤 개그'라는 말이 있다. "아, 쟤 개그 또 하네"라며 한심해할 만큼 재미가 없는 개그라는 말이다. 어떤 게 아재개그일까? 재미가 없으면 아재개그로 분류될까? 아재개그의 흔한 유형이 말장난이다. 인터넷에서 몇 가지를 인용하면 다음과 같다.

- 얼음이 죽으면? 다이빙.
- 아몬드가 죽으면? 다이아몬드.
- 김밥이 죽으면 어디로? 김밥천국.
- 인천앞바다의 반대말은? 인천엄마다.
- 오렌지를 먹은 지 얼마나 오랜지….

흠은 아재개그라는 유형이 아니라 개별 아재개그에 있다. 각 아재개그의 시간과 장소에 어울리지 않음, 철지난 말장난의 재탕, 감각이 떨어지는 언어유희를 탓해야 한다.

말장난은 인류가 언어를 구사한 이래 구사돼왔을 것이다. 말장난은 영어로는 펀(pun)이라고 불린다. 펀은 사전에서 '다의어나 동음이의어를 이용한 말장난'이라고 풀이된다. 어떤 이는 펀을 '동음이의해학(同音異意諧謔)'이라고 번역했다.

예수도 펀을 즐겨 썼다. 마태복음 16장에 "너는 베드로라 내가 이 반석 위에 교회를 세우리니"라는 말씀이 나온다. 영어 성경 구절은 "Thou art Peter and upon this rock I will build my church"이다. 예수는 '베드로'를 말하며 갑자기 '반석(rock)'을 얘기한다. 베드로(Peter)는 바위를 뜻하는 그리스어 'petros'에서 온 말이다. petros에서 생겨난 다른 단어는 'petroleum', 석유(石油)가 있다. 베드로가 원래 바위라는 뜻이라는 데 착안해 그 위에 교회를 세운다는 펀을 지은 것이다.

셰익스피어도 곳곳에서 펀을 활용했다. 〈로미오와 줄리엣〉의 3막 1장에서 머큐시오는 피를 흘리며 죽어가면서, "내일 날 찾아오면 내가 무덤 사람(진지한 사람)이 되어 있을 것이다(Ask for me tomorrow and you shall find me a grave man)"라고 말했다.

셰익스피어도 펀을 즐겼지만 시인 겸 평론가 새뮤얼 존슨은 그런 행태를 못마땅해했다. 그는 "펀은 유머 중 가장 저급한 유형(Pun:

the lowest form of humor)"이라고 말했다. 이에 대해 작가 피어스 앤서니는 "만일 펀이 가장 저급한 유머라면, 번은 가장 저급한 빵인가(If puns are the lowest form of humor, are buns the lowest form of bread)?"라고 받아쳤다.

오스카 와일드의 다음 펀은 어떤가? 재기가 번득이지 않는가? "Immanuel doesn't pun; he Kant.(임마누엘은 재담을 하지 않는다. 그는 할 수 없다)" 여기서 'Kant'는 독일의 철학자 칸트(Immanuel Kant)를 말하며 동시에 'can't'를 의미한다. 한편 대작가 제임스 조이스는 다음과 같은 펀을 지었다. 이 펀은 태작(馱作)이라고 평가할 수밖에 없다. "The pun is mightier than the sword."

한국의 아재들이여, 아재개그라는 빈정댐을 두려워 말라. 천하의 조이스도 저런 펀을 남겼으니. 수작(秀作)을 빚는 과정에서 졸작(拙作)과 범작(凡作)은 나오게 마련이다. 시도하지 않는 사람은 평가 대상에도 오르지 못한다. 일류가 아니면 어떤가, 중심을 잘 잡고 흔들리지 않으면 스스로 주류가 될 수 있다. 이 주장과 무관한 펀을 하나 전한다.

힘들 때 우는 건 삼류 / 힘들 때 참는 건 이류 / 힘들 때 먹는 건 육류 / 힘들 때 마시는 게 주류.

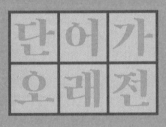

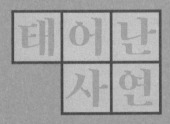

: 낱말의 유래

중국 요리의 매력 중 하나가 불맛이다. 불맛은 둥그런 프라이팬과 강한 불이 만나 만들어진다. 이 프라이팬을 중국어로 '웍'이라고 부른다. 웍은 튀김과 볶음 말고도 찜, 구이 등 여러 조리에 두루 쓰인다. 맛있는 요리가 재미난 이야기를 담고 있는 것처럼, 불맛 내는 조리도구 웍에도 이야깃거리가 여럿이다.

중국 광둥(廣東) 지역에서 유래된 웍은 중국은 물론 동남아시아에서 널리 활용된다. 그뿐만 아니라 세계 곳곳에 있는 중식당에서도 쓰인다. 웍이라는 단어도 그대로 수출돼, 영어로도 'wok'으로 표기된다.

웍을 이용해 조리하기의 핵심 동작은 튕기기다. 이렇게 함으로써 재료를 섞고 익히거나 튀길 수 있다. 불길과 웍의 기름이 만나면

불이 붙는데 여기에 튕겨져 올라온 재료가 직접 닿으면 강력한 마이야르 반응이 일어난다. 마이야르 반응이란 아미노산과 당이 가열돼 갈색으로 변하면서 다채로운 풍미를 내는 것을 가리킨다. 위로 올라온 재료가 수증기와 만나면 익혀진다. 고기를 튕기지 않고 바닥에서 직접 가열하면 튀겨지듯 익는다.

표준 중국어에는 음절의 받침으로 'ㄴ'과 'ㅇ'만 남았다. 그래서 표준 중국어에는 '웍' 같은 음절이 없다. 반면 광둥어는 'ㄱ'을 비롯해 과거 중국어의 받침이 쓰인다.

웍을 가리키는 한자는 '확(鑊)'이다. 확을 광둥 사람들은 웍이라고 부른 것이다. 확은 워낙은 가마솥을 뜻했다. 우리말은 이 글자를 받아들여, '철확(鐵鑊)'과 '돌확(돌鑊)'이라는 단어를 만들었다.

철확은 '쇠로 만든, 발이 없는 큰 솥'이나 '무쇠로 만든 작은 절구'를 뜻한다. 큰 절에는 쇠로 만든 철확이 있었다. 현재 논산 개태사, 청주 관음사, 보은 법주사 등에 철확이 남아 있다.

돌확은 넓적한 돌을 솥처럼 깎아낸 주방기구로, 우묵한 부분에 곡식이나 양념을 넣어 빻거나 가는 데 쓰였다. 돌확은 '확독'이라고도 불렸다. 김관식 시인은 〈세례 요한의 비둘기 떼들〉에서 '산령(山嶺) 위에서 손수건처럼 펄럭거리는 하얀 구름은 / 확독에 고인 푸른 빗물로 미역을 감고'라고 노래했다.

Q '나비'라는 낱말이 어떤 연유로 고양이의 호칭이 되었는지 궁금합니다.

A 어원, 토박이말 자료, 고어사전 등 어휘 자료를 두루 찾아보았지만, 고양이를 부르거나 이를 때에 쓰는 말인 '나비'에 대한 정보가 자세히 실린 자료를 찾을 수가 없었습니다.

이는 국립국어원 누리집(korean.go.kr)의 '묻고 답하기'에서 오간 문답 중 일부다. 위 질문을 한 분처럼 많은 사람이 '나비'가 고양이의 호칭이 된 유래를 궁금해한다. 그러나 우리말을 전문으로 연구하는 국립국어원에 따르면 나비의 유래를 짐작할 자료는 없는 실정이다.

'자연은 공백을 싫어한다'는 말이 있다. 사람들도 공백을 싫어한다. 그래서 자기네가 알고 싶어 하는 부분에 정설이 없을 경우에는 '이야기'를 지어낸다. 인터넷 포털에서 검색하면 "옛날 야생 고양이들이 날아다니는 나비를 쫓아다니는 모습을 보고, 고양이가 나비를 좋아한다고 하여 '나비'라고 부르다는 속설이 있다"는 풀이가 나온다. 이 설명을 듣고 고양이와 나비가 함께 묘사된 옛 그림이 떠오르는 독자가 있으리라. 김홍도의 〈모질도(耄耋圖)〉를 비롯해 그런 그림이 많다. 고양이는 나비를 즐겨 잡으러 다니고, 그래서 그 장면이 그림에 자주 담겨진 것일까?

책《동양화 읽는 법》은 그렇지 않다고 설명한다. 이 책은 고양이와 나비를 동양화의 알레고리로 이해해야 한다고 풀이한다. 알레고리는 어느 대상을 직접 표현하는 대신 다른 사물에 의해 암시적으로 표현하는 방법을 의미한다. 예컨대 서양화에서 해골은 메멘토 모리(memento mori), 즉 죽음을 상기시키는 상징으로 활용돼왔다. 동양화에도 알레고리가 가득하다. 동양에서 예부터 고양이와 나비를 함께 그린 것은 장수를 기원하는 뜻에서였다. 고양이는 70세 노인 모(耄), 나비는 80세 노인 질(耋)을 나타낸다. 왜 그런가. 고양이 묘(猫)와 70세 노인 모(耄), 나비 접(蝶)과 80세 노인 질(耋)은 중국에서 서로 같은 소리로 읽히기 때문이다.

검색된 자료 중에는 이런 내용도 있다.

궁금해서 검색을 해보다 재미있는 자료를 보았다. 나비는 고양이를 부르는 대표적인 이름인데, 영어로도 'Butterfly Cat(나비 고양이)'이라는 표현이 있고, 프랑스에서도 고양이를 'papillon(빠삐용)'이라고 쓰고 나비라고 번역한다는 것이다.

_2017년 2월 15일 자 〈인천일보〉, '양진채의 한 장면 읽기' 중에서

그러나 구글에서 찾아본 결과 'butterfly cat'은 일반적으로 쓰이는 표현이 아니다. 또 프랑스어 사전을 보면, 필자의 주장과 달리, 고양이는 'chat'라고 쓰고 나비는 'papillon' 등으로 말한다. 고양이를 나비라고 부르게 된 연유를 고양이가 곤충 나비를 쫓는 행위에서 찾는 설명은, 상상력은 풍부하나 설득력은 떨어진다.

우리는 원점으로 돌아왔다. 국어사전을 찾아보자. '나비'라는 표제어 중에는 '고양이를 이르는 말'이라는 설명이 붙은 게 있다. '나비가 생선을 물고 간다' '나비야, 이리 온' 같은 문장이 예시됐다.

이제 남은 가설은 '나비'와 '잔나비'에서 유래를 찾는 것이다. 옛날에 원숭이를 '납'이라고 불렀는데, '납'이 '나비'로 변했다. 정호완 대구대 교수는 "이르자면 높은 나무에 잘 매달리는 짐승을 납이라 하고 거기에 '재다' '재빠르다'의 뜻을 더하여 '나비'라 한 것으로 상정할 수 있다"고 설명했다. 그러다 날랜 동물인 고양이도 '나비'라는 별명을 얻게 됐다는 추정이 있다. 고양이도 원숭이도 나비라고 불려 헷갈리게 되니, 사람들은 원숭이를 고양이와 구분하기 위해

'잔나비'라고 부르게 됐다고 설명된다. 이 가설을 뒷받침하는 정황 증거로 단어 몇 가지가 있으면 좋으련만, 찾지 못했다. '납'이 들어간, '날래다'는 뜻을 지닌 단어 말이다. '냅다'라는 부사가 있긴 한데, '납'이라는 명사가 부사 '냅다'가 된 과정이 석연치 않다.

한 친구가 뜬금없이 밤에 내게 전화해서 '궁금하다'라는 낱말의 어원을 궁금해했다. 내 생각에 '궁금하다'는 기초 단어이고 어원은 없다. 고양이가 나비가 된 유래도 없을지도 모른다. 누군가 그냥 고양이를 나비라고 불렀고, 그게 유행이 됐을지 모른다.

"제가 깁니다."

#1 전라도 선생님이 서울 학교로 전근해 왔다. 선생님은 첫 수업에서 기본적인 개념과 사실을 그 원리로 설명한 뒤 "기여, 안 기여?"라고 물었다. 학생들은 어리둥절한 표정이었다. 선생님은 다시 "기여, 안 기여?"라고 했다. 무슨 말인지 모르는 아이들은 아무런 대답도 하지 못했다. 선생님이 마침내 폭발해 "기여, 안 기여?"라고 소리를 꽥 지르자, 아이들은 하나둘 눈치를 보면서 교실 바닥에 엎드리더니 기기 시작했다.

#2 "ㅊ 아나운서 계셔요?"

"네, 잠깐만 기다리세요. ㅊ 선배님, 전화 받으세요."

"제가 깁니다."

'기여'와 '깁니다'는 '기다'에서 나온 말이다. 사람들은 이 말의 유래를 제각각 설명한다. 어떤 이는 '기여?'는 충청도 사투리의 종결어미 '~한 겨?'의 '겨'에서 나왔으리라고 본다. 다른 이는 '제가 깁니다'는 '제가 긔입니다'이고, 여기서 '긔'는 '그 사람의 약간 높인 말'이므로, '제가 그 사람입니다'라는 뜻이라고 풀이한다.

두 설명 모두 맞아떨어지지 않는다. 우선 '기다'에서는 어미가 '다'이고, '기'는 어간이다. '기다'는 어미가 바뀌면 '기여' '기다' '깁니다'가 된다. 여기서 '기여'가 '겨'로 또 변했을 듯도 하지만, '겨'는 갈래가 다르다. '겨'는 '것이여'에서 왔다. 또 '겨'는 '밥은 먹은 겨?'에서처럼 그 앞에 내용이 들어간다. 반면 '기여'는 단독으로 활용된다. 이 설명이 다소 추상적이라면 이를 첫째 이야기에 대입해보자. '기여'가 '것이여'라면 선생님의 물음은 '것이여, 안 것이여?'가 된다. 거두절미하고 '것이여, 안 것이여?'라니. 만약에 선생님이 '것이여, 안 것이여?'라고 질문했다면 학생들이 정말 알아듣지 못했을 것이다.

'기다'의 '기'가 '긔'라는 해석 또한 어색하다. 사투리라고 하지만 '제가 깁니다'는 해당 지역에서 수십 년 동안 수많은 사람들 사이에서 숱하게 오간 말이다. 전화통화 외에도 여러 사람 속에서 자신의 이름이 불렸을 때에도 "제가 깁니다"라고 말한다. '제가 깁니다'가

'제가 긔입니다'라면 자신을 약간 높여서 말하는 어법이, 속마음이야 어떻든 어떻게든 자신을 낮추고 상대방을 높이려고 하는 우리 사회에서, 게다가 예컨대 상대방이 누구인지 모르는 채 시작하는 전화통화에서 광범위하게 통용됐다는 얘기인데, 그랬을 가능성은 희박하다.

그렇다면 '기다'의 '기'는 도대체 무얼까. 먼저 사전에서 '기다'를 찾아보자. 관련해서 두 가지 뜻이 나온다. '그것이다'가 줄어든 말로, '사람이 말이야, 기다 아니다 딱 부러지게 대답을 해야지'처럼 쓰인다고 한다. '그렇다'는 뜻도 나온다. 선생님이 "기여, 안 기여?"라고 물었을 땐 '그런가, 그렇지 않은가?'라는 뜻이었다. '제가 깁니다'는 '제가 그 사람(것)입니다'라는 말이다.

내 가설은 이렇다. '기다'의 '기'는 其다. 其는 '그것'을 뜻한다. 그리고 기다는 '기연가미연가(其然가未然가)'에서 비롯됐다. 기연(其然)은 '그렇다'는 말이니, 기연가미연가는 '그런가, 그렇지 않은가' 묻는 말이다. 이 말은 입에서 입을 거치면서 말하기 쉬운 '긴가민가'로 다듬어졌다. '긴가민가?'라는 질문을 받은 사람은 무어라고 대답했을까? 한자를 모르는 사람에게 '긴가민가'는 '기인가 미인가'로 들렸다. 그래서 긍정으로 대답할 때는 '기다' '기여' '기입니다'라고 했다. '기여'라는 대답에서 다시 '기여, 안 기여?'라는 의문문이 만들어졌다.

'기다'는 '그렇다'와 가까운 '맞다'는 의미도 갖게 됐다. 그래서 대화에서 예컨대 "학생이 지난번 백일장에서 장원을 차지한 아무개 군인가?"라고 물어보면 "네, 제가 깁니다"라는 대답이 나오게 됐다. 또 처음 인사할 때 "당신이 그 유명한 아무개요?"라고 물으면 "예, 제가 깁니다"라고 말했다. 전화통화에서 '제가 깁니다'는 이런 의미로 쓰인 것이다.

'긴가민가'는 이제 '긴가민가하다'고 해서, 그런지 그렇지 않은지 아리송한 데 쓰인다. 비슷한 말로는 '알쏭달쏭'이 있고, 사투리 '아리까리'도 있다. 내 어원 풀이가 그럴듯한가? 답으로 '긴가민가하다'가 '그렇다'보다 덜 나오기를 기대하며….

붉어서가 아니라 뾰족해서

오늘날 꽃게라고 불리는 갑각류 동물의 원래 이름은 곶게, 즉 곶게였다. 꽃게는 17세기에 '串蟹'라고 쓰고 '곶게'로 읽었다. 게를 뜻하는 '蟹'는 한자 발음은 '해'이지만 뜻으로 읽은 것이다. 곶게가 꽃게가 된 이후, 이제 꽃게는 '삶으면 껍데기가 꽃처럼 붉어져서' 꽃게라고 불리게 됐다고 여겨진다. 그래서 한자 이름도 '串蟹'에서 '화해(花蟹)'로 변경됐다. '花蟹'는 국어사전에도 올랐다.

'꽃처럼 붉어서 꽃게'라는 설명은 그러나 이치에 맞지 않다. 어느 생물의 이름을 특정한 요리법으로 변화가 나타난 상태를 보고 붙인다는 게 말이 안 된다. 이 게를 가열해서 요리하지 않고 게장을 담그면 색이 변하지 않는다. 또 꽃게가 아닌 민물에서 사는 참게도 가열해서 요리하면 등딱지 색이 붉어진다. 같은 작명법이었다면 참게도 '꽃게'이어야 했을 테고, 두 꽃게를 분별하기 위해 하나는 '꽃게', 다른 하나는 '참꽃게'라고 불렀을 것이다.

꽃게의 진짜 유래는 원래 이름인 '곳게'에서 찾아야 한다. 조선 실학자 이익은 《성호사설》에 "속칭 곳게라고 하는데, 등딱지에 꼬챙이같이 생긴 두 뿔이 있어서"라고 설명했다. 정약전이 19세기 초에 펴낸 《자산어보》도 곳게라는 이름이 '두 눈 위에 한 치 남짓한 송곳 모양의 것이 있어서 이런 이름이 주어졌다'고 전했다. 꽃게를 위에서 보면 등 양쪽에 정말 뾰족한 뿔이 삐져나왔다. 반면 참게에는 뿔이 없다. '곳게'의 '곳'을 串으로 적은 것은 그 모양을 표현하기 위해서였다. 꽃게의 이름은 20세기 전반에만 해도 오해의 소지가 되지 않았다. 1938년에 편찬된 《조선어사전》은 이 갑각류를 '가슴이 퍼지고 그 양쪽 끝이 불쑥 나온 모습'이라고 풀이했으니 말이다.

'곳'은 과거에는 끝이 뾰족한 쇠나 나무의 명칭에 두루 쓰였고, 주로 '곶'으로 표기됐다. 곶은 곶치, 곶창이로 변화를 겪었고, 여기에서 꼬챙이가 나왔다. 곶치에서 꼬치가 나왔는데, 꼬치는 꼬챙이에 꿴 음식물이다. 이 음식은 조리하는 방식에 따라 꼬치구이, 꼬치전 등으로 나뉜다. 곶은 동사도 낳았다. 곶으로 뚫는 동작을 '곶다'라고 했고, 이 말은 '꽂다'로 바뀌었다. 동곶은 상투를 튼 뒤에 그것이 다시 풀어지지 않도록 꽂는 물건이다. 곶감은 꼬챙이에 꽂아서 말린 감이다. 책꽂이, 붓꽂이는 책과 붓을 꽂아두는 사물을 뜻하고, 꽃꽂이는 꽃을 꽂아 장식하는 일이며, 꺾꽂이는 가지를 꺾어서 땅에 꽂아 자라게 하는 일을 가리킨다. 고깔은 '곳갇'에서 나온 말이다. 꼬챙이처럼 길고 뾰족한 모습이라는 뜻에서 이름을 얻었다. 곡괭이의 옛말은 '곳광이'다. 원뜻이 '뾰족한 괭이'임을 짐작할 수 있다.

곳은 이제 우리나라에서 지명에 주로 쓰인다. 장산곳, 호미곳, 갑곳, 장기곳 등이다. 서울 지명 가운데 곳(串)이 쓰인 곳이 석관동(石串洞)이다. '串'을 중국식 한자음에 따라 '관'으로 읽은 것이다. 이 지명은 인근 천장산의 지맥이 검은 돌을 꿰어놓은 듯하다고 해서 생겼다. '돌곶이'라고 부르고 '石串'이라고 쓰던 것이, 串을 '곶'이 아니라 과거 중국식 발음인 '관'으로 읽고 石을 '돌' 대신 '석'이라고 읽으면서 '돌곶이'가 '석관동'이 됐다. 지하철 6호선의 이 동네 역 이름은 '돌곶이'라고 해서, 원래 명칭이 되살아났다. 곳은 영어로 'cape'라고 한다. 영어 지명에서 cape인 곳을 '~곳'이라고 옮긴다. 트라팔가르곳, 혼곳, 배로곳 등이 그런 사례다.

한편 한자 곳(串)의 한국, 중국, 일본의 쓰임새도 흥미롭다. 이 글자는 한국에서는 '땅이름 곳' '꿸 관' '꿰미 천' '꼬챙이 찬' 등으로 활용된다. 현대 중국어에서는 串을 '촨'이라고 읽는다. 동사로는 '꿰다'라는 뜻으로 쓰이고 명사로는 양고기 조각을 꿴 꼬치 음식 따위를 가리키는 데도 활용된다. 한편 일본은 串을 지명에 붙여 '곳'에 쓰고 '간'이라고 읽는다. 단독 명사로는 '꼬치' '꼬챙이'를 가리키고 '쿠시'라고 말한다. '쿠시'는 우리말 '꼬치'와 발음이 멀지 않다.

슬픈 넉점박이

　장승박이라는 지명은 장승이 박힌 곳이라는 뜻에서 유래했다. 붙박이는 어느 한 자리에 정한 대로 박혀 있어 움직임이 없는 상태, 또는 그런 사물이나 사람을 이르는 낱말이다. 차돌박이는 쇠고기에서 양지머리뼈의 복판에 붙은 희고 단단하며 기름진 고기다. 양지머리는 소의 가슴에 붙은 뼈와 살.

　오이소박이는 오이를 세로로 서너 갈래로 가르고 그 속에 파, 마늘, 생강, 고춧가루를 섞은 소를 넣어 담근 김치다. 오이소배기가 아니다. '배기'는 '한 살배기' '두 살배기'에서처럼 어린아이의 나이 뒤에 붙어 그 나이를 먹은 아이를 가리킬 때 쓰인다. 오이소배기는 틀린 표현이지만, '박이'의 뜻으로 '배기'가 쓰이기도 한다. 알배기는 알이 들어서 통통한 생선이다.

박이는 사람에도 붙는다. 옥니박이, 덧니박이, 금니박이가 있고, 점박이도 있다. 그럼 넉점박이는 뭘까? 사전은 이렇게 설명한다. '두 눈과 코, 입의 네 구멍이 있다는 뜻으로, 사람을 속되게 이르는 말.' 사람에게 구멍이 넷 있다고? 얼굴에만 해도, 눈·코·입 외에 양쪽 귀에 구멍이 있는데? 여기에 다른 구멍까지 더하고 보면 넉점박이의 뜻풀이는 영 아닌데?

넉점박이 단어와 뜻풀이의 괴리는, 이 단어가 지칭했던 존재가 사라진 데서 비롯됐다. 넉점박이가 누구인지 모르게 된 사람들이 낱말로부터 그것이 뜻하는 바를 엉뚱하게 상상해낸 것이다. 넉점박이는 서(庶)에서 나온 단어다. 서(庶)는 서출(庶出), 즉 첩의 자식이나 자손이라는 뜻을 지닌다. 이 글자의 아래 점이 넷 찍혔다는 데에서 넉점박이라는 말이 나왔다.

벽초 홍명희는 저서 《학창산화(學窓散話)》에서 넉점박이의 어원을 이렇게 설명하고 서출을 부르는 '좌족(左族)' '초림(椒林)' 등 다른 말을 전한다. 벽초는 "좌족(左族)이란 사도(邪道)를 좌도(左道)라 하고, 강직(降職)을 좌천(左遷)이라 하는 것과 같이 존우비좌(尊右卑左, 오른쪽을 높이고 왼쪽을 낮춤)에서 나온 말"이라고 설명한다. 이어 "초림(椒林)이란 후추의 맛으로 서얼의 '얼' 음(音)을 비유한 은어"라고 풀이한다. 초림(椒林)은 사림(士林)을 흉내 내 지어낸 말이다. 사림은 유학을 신봉하는 무리를 뜻하고 초(椒)는 후추나무 또는 산초나무를 뜻한다. 후추나 산초는 얼얼한 맛을 낸다. 초림은 '얼림', 즉 서얼의 무리를 이르는 것이다. 서얼과 관련해서는 이 밖에 '한 다리 짧다'라는 은어를 썼다.

적자(嫡子)의 서자(庶子) 차별은 조선시대에 가장 심했다. 조선 초기에만 해도 아버지가 고위 관료이면 서얼이라도 관직에 진출할 수 있었다. 그러다 점차 서얼 차별이 심해지면서 과거 응시의 길이 막혔다. 서얼은 무과나 잡과에나 응시가 가능했다. 고려는 물론 중국에도 그런 악법은 없었다. 서얼 차별을 철폐해야 한다고 주장한 이는 다산 정약용 등 소수에 불과했다. 다산은 중인·서얼과 평안도·함경도·강원도·전라도·개성·강화도 사람, 북인·남인 등 차별을 언급하며 "온 나라의 훌륭한 영재를 다 발탁하더라도 모자랄까봐 걱정되는데, 하물며 그 가운데 십 분의 팔구를 버린단 말인가"라고 한탄하며 "가장 좋은 방법은 동서남북에 얽매이지 않고, 멀거나 가깝거나 귀하거나 천하거나 간에 가리지 않아, 중국의 제도같이 하는 것"이라고 제안했다.

기득권을 지키려는 벽은 높고 두터웠다. 순조 23년인 1823년에 서얼 약 1만 명이 차별을 없애라는 상소를 올렸다. 그러자 국립대학 격인 성균관의 유생들이 반대하며 학업을 거부한 일도 있었다.

도토리를 먹어서 돼지

'도토리, 도토리거위벌레, 돼지, 고슴도치, 돌고래….' 낱말의 세계는 자연 생태계 위에 형성된다. 낱말 세계엔 생물 형태에 대한 사람의 생각도 반영된다. 이런 관점에서 위에 열거한 단어들의 관련을 살펴보자.

먼저 도토리와 관련해 기본지식을 확인한다. 도토리는 도토리나무에서 열리지 않는다. 도토리나무가 있는 게 아니라, 참나무류의 열매를 모두 도토리라고 부른다는 말이다. 참나무류에는 상수리나무, 신갈나무, 떡갈나무, 갈참나무, 졸참나무, 굴참나무 등이 있다. 산의 쌀이자 보리, 밀에 해당하는 열매가 도토리다. 도토리는 산에 사는 많은 동물의 양식이다. 도토리거위벌레 같은 곤충에서부터 다람쥐, 어치, 멧돼지, 곰 등 들짐승과 날짐승이 가을에 배 불리고 겨울을 나는 식량이다. 겨울에 대비해 다람쥐와 어치는 도토리를 땅속에 저장해두고, 멧돼지와 곰은 몸에 지방 형태로 저장해둔다.

도토리는 사람한테도 가을의 별미를 제공한다. 우리는 도토리로 묵을 쒀 먹는다. 유럽 사람들은 주로 돼지한테 먹인 뒤 돼지고기를 통해 섭취한다. 스페인 요리 중 하몽은 돼지 뒷다리를 소금에 절여 건조한 요리인데, 고급 하몽은 야생에서 도토리를 먹고 자란 돼지에서 나온다.

도토리는 앞서 언급한 도토리거위벌레와 도토리밤바구미, 그리고 도토리노린재에 이름을 퍼뜨렸다. 앞의 두 곤충은 도토리를 먹는다. 도토리노린재는 딱정이가 도토리 같다고 해서 이 이름을 얻었다.

돼지는 도토리를 잘 먹는다. 도토리라는 이름도 돼지에서 나왔다. 잠시 돼지의 옛 이름 '돝(돈)'을 돌아보자. 돼지 새끼는 강아지·송아지·망아지처럼 돝아지였다가 도야지로 변했다. 모자(母子) 단어인 '돝-도야지' 중에서 언젠가부터 돝이 덜 쓰이다가, 도야지만 남아 돼지가 되더니 이윽고 돼지가 돈(豚) 성체를 가리키게 됐다.

최세진이 16세기에 펴낸 《훈몽자회(訓蒙字會)》는 도토리를 '돝의 밤', 즉 돼지가 먹는 밤이라고 풀이했다. 이 단어의 당시 발음은 《두시언해(杜詩諺解)》가 들려준다. 당나라 시인 두보의 시를 15세기에 번역한 이 책은 도토리를 '도토밤'과 '도톨왐'으로 표기한다. 이 중 도톨왐이 도톨암으로 변하고 다시 도톨이가 됐다가 지금의 도토리로 바뀐 것으로 추정되고 있다.

'돝'은 다른 낱말에서도 찾을 수 있다. 윷놀이의 '도개걸윷모' 중 '도'가 '돝'에서 나온 말이다. 또 고슴도치는 원래 '고솜돝이', 즉 '가시가 박힌 돼지'라는 뜻으로 추정되는 단어였다. 돌고래는 몸집이 돼지 같다고 해서 돈고래라는 이름을 얻었다가 받침이 바뀌면서 돌고래가 됐다. 돌고래는 물돼지라고도 불린다. 한자어로는 해돈(海豚), 해저(海猪)라고 한다.

산 생태계의 많은 동물에게 아낌없이 베푸는 도토리나무의 이야기로 이 꼭지를 마무리한다. 《파브르 곤충기》는 도토리 수확기의 정경을 이렇게 전한다.

곧 자기 돼지를 위하려는 사람이 온다. 어느 날 마을에서 면의 포고를 알리는 고수(鼓手)가 면 소유 도토리 수확을 시작한다는 북을 치면, 그 자체가 바로 큰 사건이다. 제일가는 열성분자는 좋은 자리를 골라잡으려고 전날 미리 현장답사를 한다. 이튿날 새벽부터 온 집안 식구가 몰려온다. 아버지는 장대로 높은 가지를 때리고, 어머니는 앞치마를 두르고 우거진 숲속까지 들어가 손이 닿는 가지에서 도토리를 딴다. 아이들은 땅에 떨어진 걸 줍는다. 이렇게 해서 작은 바구니 다음은 큰 바구니가 가득 차고, 그 다음엔 부대가 가득 찬다.

들쥐 어치 바구미, 그 밖에 많은 동물의 기쁨거리가 된 다음에는 이 수확에서 비계가 얼마나 생길까를 계산하는 삶의 기쁨이 따른다. 그런데 이 기쁨에 한 가지 섭섭함이 섞인다. 땅에 떨어진 아주 많은 도토리가 구멍이 뚫리고 썩어서 쓸모가 없다는 섭섭함이다. 사람들은 그렇게 손해를 입힌 녀석에게 욕설을 퍼붓는다. 그 사람의 말을 듣고 있노라면, 수풀은 오직 그만의 것이고, 떡갈나무가 열매를 맺는 것은 오직 그의 돼지만을 위한 것이다.

많은 도토리가 구멍이 뚫려 파먹힌 것을 보고 벌레(당시 프랑스에서는 코끼리밤바구미)를 향해 욕설을 퍼붓는 사람들에게 파브르는 "산림 감시원이라도 경범죄인인 그 녀석에 대해 조서를 꾸미지 못한다네"라면서 이렇게 설명한다. "만일 도토리 수확을 한 줄에 꿰어놓은 소시지로밖에 보지 않는다면, 우리의 이기주의 성향이 바로 난처한 결과를 가져올 것이네. 떡갈나무는 누구든 제 열매를 이용하라고 청했네."

뒷 담 화 가 필 요 하 다

한국 대학에서 진행하는 많은 연구는 연구팀을 이끄는 교수와 대학원생으로 구성된 그룹에서 주로 진행한다. 이런 문화에서 나 같은 지도교수가 연구와 관련해 말도 안 되는 헛소리를 해도, 그룹에 속한 대학원생이 그것을 지적하기란 여간해서는 어렵다. 지도교수의 헛소리를 극복하는 길은 무엇일까. 이 글을 읽은 독자라면 이미 답을 알고 있을 것이다. 그 답은 '뒷담화'를 활성화하는 것이다. 뒷담화로 바로잡은 나의 헛소리를 대학원생들이 알려주면 금상첨화일 것이다.

_김범준, 《세상물정의 물리학》 중에서

'뒷담화'는 아직 사전에 오르지 못했다. 그러나 일상생활에서는 물론이고 활자매체와 방송에서 널리 쓰이고 있다. 위 인용문에서

처럼 책에도 종종 등장한다. 뒷담화는 어떤 사람이 없는 자리에서 두 사람 이상이 그를 놓고 하는 험담을 가리키는 낱말이다. '뒷담화하다'는 그 행위를 지칭한다. 뒷담화는 가십(gossip)이라는 뜻으로도 쓰인다. 가십은 '사람에 대한 좋지 않은 소문'을 말한다. 뒷담화와 가십의 차이를 굳이 나누면 이렇다. 입방아를 찧는 대상 인물이 그들이 직접 아는 사람이고 그들이 자기네 경험과 생각을 나누는 것이라면 뒷담화이다. 그와 달리 가십을 주고받는 사람들은 직접 알지 못하는 유명 인물도 대상으로 삼고 주로 소문을 화제로 삼는다.

뒷담화의 유래를 '뒷+다마'에서 찾는 사람들이 있다. 네이버 오픈사전을 보면 어떤 이는 다음과 같이 설명한다.

'다마'는 학생들이 '머리'라는 의미로 사용하던 은어로서 일본어 '아타마(頭)'에서 유래한 것인데, 여기에서 '뒤통수를 치다'라는 의미로 '뒷다마를 치다' '뒷다마를 까다'라는 표현이 생겨났다. 1990년대 후반부터 언중이 '뒷다마'를 자발적으로 순화하여 '뒷담화'라는 표현을 사용하고 있다.

나도 뒷담화가 '뒷'과 '다마'가 합쳐진 단어이고 '뒷다마'가 '뒷+담화'라고 바뀌었다고 생각한다. 그러나 '뒤통수를 치다'라는 표현을 하기 위해 '뒤'와 '아타마'를 찾은 다음 '아타마'에서 '다마'로 줄여 '뒤'에 붙였다는 과정은 자연발생적이지 않다. '뒷다마'를 설명하려면 '뒤통수'로 돌아가는 대신 '뒷'과 '다마'를 바로 풀이해야 한다고 나는 생각한다. 기사를 검색하다 내 추측과 정확히 일치하는 설명을 최근에 마주쳤다.

이 말을 주로 쓰는 사람이나 말이 쓰인 상황을 보건대 '뒷담화'는 우리말과 일본말이 결합한 '뒷+다마'에서 온 것으로 추측할 수 있다. '뒷다마'는 원래 당구장에서 쓰던 말. 처음 치려고 했던 대로 맞지 않고 빗나간 공(다마)이 반 바퀴 더 뒤로 돌아와서 맞는 것을 가리킨다. 물론 고수라면 이런 점도 생각하고 치겠지만 보통 사람들에겐 다소 행운이 섞인 경우라 할 수도 있다. 그러니 상대편은 억울하거나 뒤통수를 맞은 듯이 화가 날 수 있을 것이다.

_2007년 1월 30일 자 〈부산일보〉, '이진원기자의 바른말광' 중에서

이진원 기자는 "이 때문에 '다마'를 '머리'라는 뜻의 일본어 '아다마(아타마, あたま)'로 여겨 '뒤통수 치다' '뒤통수 까다'로 해석하기도 한다"고 덧붙였다. '뒷다마'가 '뒷담화'로 순화된 이유에 대한 그의 설명은 앞 오픈사전의 것과 비슷하다.

뒷담화와 비슷한 낱말로는 뒷말, 뒷소리, 뒷공론, 쑥덕공론, 뒷욕 등이 있다. 그러나 뉘앙스가 뒷담화와 조금씩 다르다. 각 단어의 뜻 중 뒷담화와 가까운 것을 살펴보자.

• 뒷말(뒷소리): 일이 끝난 뒤에 뒷공론으로 하는 말.

- 뒷공론(쑥덕공론): 겉으로 떳떳이 나서지 않고 뒤에서 이러쿵저러쿵 시비조로 말하는 일.
- 뒷욕: 마주 대하고 있지 않은 자리에서 욕하거나 그렇게 하는 욕.

내 생각에 기존 우리말 중에서 '뒷담화'와 가장 가까운 단어는 '뒷욕'이다. '뒷담화하다' 대신 '입길에 올리다'는 표현을 쓰기도 한다. '입길'은 '이러쿵저러쿵 남의 흉을 보는 입의 놀림'을 뜻한다. '빨래터에 모인 아낙네들은 누가 먼저랄 것도 없이 입길을 시작했다'처럼 쓰인다.

이진원 기자는 "'뒷담화'는 이미 있는 우리말 '뒷말'이나 '뒷소리', 또는 '뒷이야기'와 별로 다를 게 없다"며 쓰지 않는 것이 좋다고 말한다. 이어 "새로운 말을 만드는 것은 좋지만 그것도 모양과 품격을 갖추어야 하는 법"이라면서 "게다가 있는 걸로 충분한데 뭣하러 일본말까지 끌어와 새말을 만들겠는가"라고 설명한다.

내 생각은 다르다. 그 논리 대신 다음과 같은 사례 하나를 든다. 당구를 통해 전파된 낱말이 '후루쿠'다. 뒷다마가 맞는 것처럼 운이 좋아 맞는 경우를 뜻하는 말이다. 후루쿠는 얼핏 일본어 같지만, 일본에서도 해외로부터 받아들인 단어다. 영어 'fluke'가 일본을 거쳐 수입돼 '후루쿠'로 쓰이게 됐다. '플루크로 맞았다'고 말하면 괜찮고 '후루쿠로 맞았다'고 하면 나쁜 표현일까? 일본어 '다마'가 들어간 말은 절대로 쓰면 안 되는 것일까?

핑킹가위로 바삭바삭

선물 포장지의 끝을 규칙적으로 들쭉날쭉하게 자르는 가위가 있다. 가윗날이 그런 모양으로 만들어졌다. 그런 가위를 영어로 '핑킹 (pinking)가위'라고 부른다. 내 둘째 아들은 어린아이 때 이 가위를 '바삭가위'라고 불렀다. 그런 모양에서 소리를 떠올린 발상이 신기했다. 그런데 바삭가위를 왜 핑킹가위라고 할까? 핑킹은 분홍색 핑크와 무슨 관련이 있을까?

핑크는 분홍색 외에 패랭이꽃을 가리킨다. 핑크가 패랭이꽃이 된 게 아니라, 반대로 패랭이꽃의 색이 분홍이어서 패랭이꽃의 이름인 핑크가 분홍색이라는 뜻도 지니게 된 것 같다. 분홍색 패랭이꽃은 6~8월에 달콤한 향을 풍기며 핀다. 꽃잎은 5장이고 가장자리가 삐죽삐죽한 모양이다. 패랭이꽃의 이런 모양에서 핑킹이라는 말이

나왔다. 핑킹은 천·가죽·종이 따위에 넣는 물결무늬 장식을 뜻한다. 미국 생물학자 데이비드 조지 해스컬은 책《숲에서 우주를 보다》에서 "양재사가 천의 가장자리를 지그재그로 자를 때 쓰는 핑킹가위는 뾰족뾰족한 꽃잎 가장자리에 빗댄 말"이라고 설명한다.

패랭이는 댓개비로 엮어 만든 갓을 가리킨다. 패랭이는 조선시대에 역졸, 보부상 같은 신분이 낮은 사람이나 상제(喪制)가 썼다. 패랭이에서 패랭이꽃이라는 낱말이 갈라져 나왔는지, 패랭이꽃에서 패랭이라는 단어가 만들어졌는지는 알 길이 없다.

한편 우리말 '들쭉날쭉'이 영어 '지그재그(zigzag)'에 해당하고 둘 다 준첩어라는 점이 흥미롭다. '삐죽삐죽'은 '삐죽'이 반복되는 첩어고, '들쭉날쭉'은 첩어에서 한 글자를 바꿔 말맛을 더 살린 준첩어다. 우리말에는 준첩어가 매우 발달했고, 우리는 계속 준첩어를 만들어 쓰고 있다.

바삭바삭은 소리도 나타내고 모양도 표현하는 단어다. 온라인《표준국어대사전》에 따르면 바삭바삭은 '가랑잎이나 마른 검불 따위의 잘 마른 물건을 잇따라 가볍게 밟는 소리' '또는 그 모양'을 뜻한다. 또 '보송보송한 물건이 잇따라 가볍게 바스러지거나 깨지는 소리' '또는 그 모양'을 말한다. 셋째로 '단단하고 부스러지기 쉬운 물건을 잇따라 깨무는 소리' '또는 그 모양'을 가리킨다. 이런 뜻풀이에 비추어 보니, 핑킹가위가 만들어내는 들쭉날쭉한 모양을 바삭가위라고 지어내 부른 아이의 상상력과 조어력이 그럴듯하다는 생각이 든다.

"정이란 것이 그런 겁디다. 아무리 단속을 해도 모기장에 모기 들어오듯이, 세 벌 네 벌 진흙 처바른 벼락박에 물 새듯이 그렇게 생깁디다."

한창훈 소설집 《나는 여기가 좋다》에 나오는 말이다. '벼락박'은 가끔 쓰이는 단어지만 사전에는 오르지 못했다. '벽'임은 확실하다. '벼락박에 ×칠할 때까지'라는 관용어구에서도 알 수 있다. 벼락박이라고도 하고, '벼랑박'이라고도 한다.

벼락박은 정확히 무슨 뜻일까. 한 인터넷 포털의 오픈사전에는 다음과 같은 설명이 올려졌다. '낭떠러지를 뜻함. 단순히 벽을 뜻하는 말로 주로 쓰임.' '벼락'에서 '벼랑'을 연상하고 낭떠러지로 연결한 듯하다. 나는 이 풀이에서 '낭떠러지' 부분에 동의하지 않는다.

벼락박의 유래는 '바람벽(壁)'에서 찾아야 한다고 나는 생각한다. 바람벽은 사전에 나온다. '방을 둘러막은 둘레'라고 풀이됐다.

그럼 바람벽은 어떻게 만들어진 말일까? 이를 알려면 '바람'이라는 우리말을 살펴봐야 한다. 옛날에는 바람이 '풍(風)' 외에 '벽'도 가리켰다. 그런데 '바람'이라고 말하면 풍인지 벽인지 헷갈리게 되는 일이 잦아졌다. 그래서 '풍'을 가리키는 '바람'은 그대로 두고, 벽을 지칭하는 '바람'을 '바람벽'이라고 구분해서 말하게 됐다. 이 같은 설명은 심재기의 《국어어휘론신강》에 나온다. 바람벽처럼 뜻이 같은 우리말과 한자가 결합한 낱말로는 담장(牆), 옻칠(漆), 글자(字) 등이 있다. 이렇게 만들어진 단어에는 '생강'도 있다. 생강(生薑)은 우리말 '새앙'과 같은 뜻의 한자 '강(薑)'이 합쳐진 낱말이다. '새앙강'이라고 하다가 '생강'이 됐고, 나중에는 우리말 '생'에도 한자를 달아 '生薑'이 됐다.

바람이라는 말에 벽이라는 뜻도 있었음을 나타내는 흔적은 사전에 남았다. 국립국어원의 인터넷 《표준국어대사전》은 바람을 '벽의 황해도 방언'이라고 풀이한다.

의문은 아직 풀리지 않았다. 바람벽은 어떻게 벼락박이 됐을까. 바람벽은 먼저 '벼람박'이라고 불리게 됐다. 첫 음절 '바'와 마지막 음절의 받침을 뺀 음절 '벼'가 자리를 바꾼 것이다. '벼람박'을 검색해보면 요즘도 흔히 쓰이고 있음을 확인할 수 있다. 이 벼람박은 이어 '벼랑박'이나 '벼락박'으로 굴려지게 됐다.

마지막 의문이다. 바람벽이 벼람박이 됐다는 설명은 꿰맞추기가 아닐까? 그런 음운 자리바꿈의 사례가 이 하나가 아니라 종종 나타나야만 그 설명이 설득력을 얻지 않나? 그런 사례가 '국물'과 '멀국'이다. '국물'이 '물국'이 됐다가 '멀국'으로 변했다고 나는 추정한다. 《표준국어대사전》에서 '물국'을 찾아보면 경남 방언으로 '고기 국물'을 뜻한다고 나온다. 그래서 나는 멀국을 '멀건 국물'이라고 설명하는 일부 풀이가 오해라고 본다. 걸쭉한 추어탕 국물도 멀국이라고 할 수 있다는 말이다. 실제로 '추어탕 멀국'이라고 말하는 사람이 적지 않다. '거품'과 '버꿈'도 그런 사례라고 짐작한다. '거품'이 '퍼꿈'이 되는 대신 '버꿈'이 됐다고 본다. 더 부분적으로 낱말의 음소가 서로 자리를 바꾸는 현상도 보인다. '어리숙'은 '어수룩'이 되고 '허겁지겁'은 허겁지겁 발음하다 보면 '허벅지벅'으로 나온다. 이 밖에 '직접'이 '집적'으로, '손톱깎이'가 '손톡깍기'로 발음되기도 한다.

바람벽과 벼락박은 진지하게 다루기에는 사소한 부분일지 모른다. 그러나 고담준론도 때로는 디테일에서 비롯된다. 아, 그러고 보니 고담준론을 '고준담론'이라고 말하는 경우도 심심찮게 접한다.

서울로 오기까지

　'서울'은 대한민국 수도의 고유명사이자, 나라의 수도라는 일반
명사다. 서울이라는 이름은 신라 때 도읍 이름 '서벌(徐伐)'이 '셔블'
을 거쳐 서울로 변천했다고 한다. 셔블은 《용비어천가》에 등장한
다. 셔블에서 어떻게 'ㅂ'이 떨어져 나가고 'ㅡ'가 'ㅜ'로 변했을까.
'블'이 '울'로 바뀌는 음운 변화가, 예컨대 구개음화라고 이름 붙인
현상처럼 규칙성을 갖는 정도는 아니어도, 우리말에서 자주 일어나
는 종류일까.

　이 의문에 대한 답을 찾으려면 '울'로 끝나는 단어에서 출발해야
한다. 그런 단어는 거울, 겨울, 망울, 멍울, 방울, 시울, 저울, 개울, 여
울, 너울, 허울, 기울, 터울 등이 있다. 꽃망울, 눈시울 등 이들 단어
가 포함된 복합어는 따로 고려하지 않아도 된다. 이들 낱말도 '~블'

에서 '~울'로 바뀐 걸까? 거블, 겨블, 망블, 멍블, 방블 등을 사전에서 찾아보면 된다. 하나도 없다.

셔블이 서울로 바뀐 것은 이례적인 사례임을 알 수 있다. 그렇다면 이 음운 변화는 '울'로 끝나는 단어군(群)에 셔블이 합류한 것이라는 해석이 가능하지 않을까? 무슨 말인가 하면, 우리말에는 '~블'로 끝나는 낱말이 없다시피 하다. 그런 단어가 없다는 건, 그런 발음이 익숙하지 않다는 뜻이다. 그래서 사람들은 '블' 대신 발음하기 편한 '울'을 택했으리라.

재미난 점은 '~울' 단어의 상당수가 그 속에서 작은 무리를 이룬다는 것이다. 망울, 멍울, 방울이 한 무리이고, 개울과 여울이 한 범주에 속한다. 여울은 강이나 바다에서 바닥이 얕거나 폭이 좁아 물살이 센 곳을 가리킨다. 또 너울, 허울, 기울을 한데 묶을 수 있다. 너울은 예전에 여자들이 나들이할 때 얼굴을 가리려고 쓴 천이다. 얇은 검정 깁으로 만들었다. 깁은 조금 거칠게 짠 비단. 너울은 겉모습을 비유적으로 이를 때에도 쓰인다. 허울은 실속이 없는 겉모양이다. 기울은 속껍질인데, 밀이나 귀리 따위의 속껍질이다. 표준어로는 오르지 못한 '~울' 단어도 몇 가지 있다. 마울은 마늘의 경북 사투리이고, 비울은 별의 충남 방언, 러울은 너구리의 옛말이다. 비울이 별이 됐다면, 시울은 술로 변했고, 입술에 붙었다.

'울'은 한 글자로도 단어를 이룬다. 울타리라는 뜻이다. 울이 '우리'가 되면 짐승을 가두어 기르는 곳이 된다. '망울'이 '몽우리'로 변하면 꽃망울이라는 뜻이 된다. 뭉우리는 모난 데 없이 둥글둥글하게 생긴 큼지막한 돌이다. '나, 너, 우리' 할 때 '우리'는 일정한 울타리 속에 묶이는 사람들을 가리키는 것은 아니었을지, 근거가 전혀 없는 상상도 해본다.

남산이 많은 이유

우리나라 산 이름 가운데엔 남산(南山)이 많다. 서울에도 남산이 있고, 경주에도 남산이 있다. 남산은 '남쪽에 있는 산'이라기보다는 '앞에 있는 산'을 가리키는 단어다. '앞산'이라고 부르다가 한자로 표기할 때엔 '남산'이라고 적은 것이다. 앞산을 왜 한자로는 남산이라고 적었을까? '南'은 남쪽 외에 앞이라는 뜻을 지니고 있었다. 요즘 '南' 자에는 앞이라는 뜻이 남아 있지 않지만, 조선시대에 최세진이 지은 한자학습서 《훈몽자회》에는 '앞-南, 뒤-北'이라고 풀이됐다. 전국의 모든 앞산이 남산으로 표기되지는 않았다. 대구 앞산은 남산으로 이름이 변하지 않은 채 여전히 앞산이라고 불리는, 예외적인 산이다.

앞을 가리키는 우리말은 무엇이었을까? 앞은 '마'라고 했다. 앞에서 불어오는 바람은 마파람이라고 불렀다. 다른 유래설도 있지만, 나는 마당의 '마'도 앞을 뜻한다고 생각한다. 당은 '堂'이며 뜻은 사전에 나오는 여러 가지 가운데 '평지' '널찍한 곳'이라고 본다. 이렇게 볼 때 마당은 '집 앞의 널찍한 평지'라는 뜻으로 만들어진 단어다. 앞뜰을 가리키는 마당에 '앞'이 추가로 붙으면서 '앞마당'이라는 낱말이 생겼다. '역전'에 '앞'이 붙어 '역전앞'이 된 것과 비슷한 현상이다. 앞마당이 나오자 이에 대응하는 '뒷마당'이라는 단어도 만들어졌다. 굳이 따지면 '뒷마당'은 '뒤앞뜰'이라는, 형용모순의 단어다.

'앞'은 한자를 '南'으로 적었는데, '마'는 어떤 한자로 표기했을까? '麻(마)'나 '木(목)'을 썼다. 실학자 이익은 《성호사설》에서 남풍을 '마(麻)'라고 하며 앞에서 부는 바람을 가리킨다고 전했다. 앞산이 우리말과 한자어가 결합한 단어고 남산은 한자 단어라면, 앞산에 해당하는 순우리말은 '마뫼'였다. 마뫼는 남산의 옛 지명인 '목멱(木覓)'이라는 한자에 흔적을 남겼다. '木覓'이라고 쓰고 '마뫼'라고 읽었으리라고 추정된다. '木覓山'은 마뫼에 '산'을 덧붙인 단어다.

발음 '마' 자리에 '木' 자가 들어간 지명이 '목포(木浦)'다. 목포는 '마포'를 한자로 적은 지명이라는 얘기다. 뜻은 '앞에 있는 포구' '앞개'가 된다. 이를 방증하는 지명이 목포에 있는 '후포(後浦)'다. 목포에는 후포동이 있고, 목포 사람들은 후포동을 '뒷개'라고 한다. 앞에서 언급한 '南'과 '北'의 조선시대 뜻을 떠올리자. 후포는 뒷개가 된

다. '뒷개'는 '앞개'를 전제로 만들어진 지명이고, 뒷개가 있다면 앞
개도 있다고 볼 수 있다. 그 앞개는 우리말로는 마포라고 불렸고,
마포는 한자로 '木浦'라고 표기됐다. '南浦(남포)'라고도 표기했다.
이는 앞산을 '南山'이라고 표기한 것과 마찬가지다. 평안남도에 있
는 남포가 그런 지명이다. 평안남도 남포에도 목포처럼 후포가 있
다. 이 밖에 강릉에도 '앞개'와 '뒷개'가 있다.

앞산은 남산이 되고 남산은 목멱이라는 별칭을 얻었다. 목멱이
혹시 살아남는다면 또 어떤 이름으로 변모할까.

한자 꿰맞추기

　한자는 사람들이 생각하는 것보다 훨씬 더 깊고 넓게 우리말에 스며들었다. 다음 단어들이 한자에서 유래했음을 아는 사람은 많지 않으리라. 더욱이 각각에 대해 해당 한자어를 쓸 수 있는 사람은 극히 드물 것이다. 시금치, 우엉, 가치, 대패, 사공, 싱숭('싱숭생숭'의 싱숭), 주렴, 보배, 비단, 무명.

　우리말에 한자가 두루 쓰이다 보니 고유어도 한자에서 어원을 찾기에 이르렀다. 예를 들어 '땅'이, 떨어진다는 뜻을 지닌 '타(墮)'에서 왔다는 식이다. 즉, 무너져 내려 아래에 있게 된 것을 지(地)라고 하는데, 오늘날 地를 풀이한 '땅' 발음이 墮의 잘못된 발음과 비슷하다고 설명하는 것이다. 또 '두메산골'의 '두메'에 대해서는 '산골짜기를 두마(豆麻)라 이르는데 콩을 심고 삼을 심는 곳이기 때문'이라고 풀이한다. 모두 견강부회다.

소설《임꺽정》을 지었고 우리 역사와 문화에 깊은 조예를 갖춘 홍명희는 "우리말의 어원을 소구하면 사실(史實)로 말미암아 생긴 말이 적지 아니하다"면서도 "그러나 곡학구(曲學究)의 곡해 또한 적지 아니하니 이는 주의할 바이다"라고 지적했다. 그는 책《학창산화》에서 남자를 한자로 사나해(似那海)라고 쓰고 신라 이야기를 가져다 붙이는 사례를 들었다. '신라 때 이나해(李那海)라는 사람이 있어 수부귀다남자(壽富貴多男子)에 오복이 겸전하므로 남자를 낳으면 나해와 같으라고 하여 사나해라고 했다'는 것이다. 그는 "이런 것은 곡해로 최상이 될 만하다"며 "이것을 국가적 사업으로 편찬한《문헌비고(文獻備考)》에서 발견할 때는 누구든지 아연함을 금치 못할 것"이라고 말했다.

고유어의 뿌리도 한자에서 찾으려고 하는 시도는 조선 지식인의 중화 중심 사고에서 비롯된 것으로 보인다. 민족 문화의 특성을 열심히 탐색한 홍만종조차 저서《순오지(旬五志)》에서 이두와 언문을 부끄러워했다. 그는 "이 두 가지 문자는 중국에는 없는 것으로 우리나라에서 처음 만든 것"이라며 "비록 우리말을 통하고 이사(吏事)를 이해하는 데에는 매우 종요롭다 하지만, 만일 중화 사람들이 이것을 본다면 문자가 같지 않다는 기롱을 면하지 못할 것 같다"고 말했다.

세종 때 집현전 부제학 최만리 이래 홍만종에 이르기까지, 그리고 그 이후로도 조선 선비들은 이처럼 한글을 창피해했다고 나는 추정한다. 그들은 한글을 보고 중국 사람들이 비웃을 것을 걱정했다. 그래서 나는 한글 창제가 중화를 거슬러 국기를 위협하는 위험한 시도로 여겨졌다는 소설《뿌리 깊은 나무》의 전제에 동의하지 않는다.

쑥스러움을 덜어보려고

백사 이항복은 어린 시절 퇴계 이황의 옆집에 살았다. 어린 항복이 퇴계에게 짓궂은 질문을 던졌다. "왜 남자의 생식기를 '자지'라고 하고, 여자의 생식기는 '보지'라고 하는 것이옵니까?" 퇴계가 항복을 꾸짖지 않고 설명한다. "남자의 생식기는 앉을 때 가려진다 해 '좌장지(坐藏之)'라 하고, 여자의 생식기는 걸을 때 가려진다 하여 '보장지(步藏之)'라 한다. 이를 짧게 줄여 부르는 것이 자지와 보지이다."

남녀 성기 명칭의 뜻을 설명하는 이 이야기가 인터넷에서 돌고 또 돈다. 여기에 살을 더 붙여 그럴듯하게 꾸민 버전도 보인다. 이 이야기는 사실일까? 먼저 여기 등장하는 두 단어 '자지'와 '보지'의 유래를 찾아보자. 두 단어는 외래어로 중국에서 들어왔다. 이는 조선시대 사역원에서 1690년에 간행된 중국어 어휘집《역어유해(譯語類解)》에 두 단어가 표제어로 실렸다는 사실에서 확인된다. 이 어휘집은 중국어 단어를 문항별로 배열하고 발음과 뜻을 한글로 적었다.

흥미로운 대목은 많은 사회가 성기 명칭과 같은 금기어를 외국어에서 가져와 쓴다는 점이다. 일례로 여성 성기를 중심으로 한 연극 〈버자이너 모놀로그〉는 원작 제목 그대로 국내 무대에 올려졌다. '보지의 독백'이라고 번역하지 않았다. 이 연극을 다룬 국내 기사는 1,000건이 넘지만, 기사 중 '보지'라는 단어를 넣은 꼭지는 59건에 불과했다. 게다가 이 중 몇 건의 '보지'는 "그동안 미처 생각해 **보지** 못했던 내 몸과 성에 대해 생각한 적이 있었다. 우리가 그동안 그 소중함을 잊고 있던 그곳에 대해 관객들 스스로가 깨닫는 시간이 될 것이다"에서처럼 그 단어가 아니었다. 이 연극을 계기로 토크쇼도 만들어졌는데, 제목은 '버자이너 모놀로그 토크쇼-우리 얘기해**보지**'였다. 이 토크쇼도 '보지'를 직접 가리키지 않은 것이다.

오늘날 두 부위를 우리가 말할 때면 영어를 쓰는 것처럼 조선시대 사람들도 성기 명칭을 중국어에서 차용했다. 당시 중국인들도 중국어에 성기를 지칭하는 단어가 있는데도 새로운 단어인 '자지'와 '보지'를 새로 만들어 썼다. 이는 금기어를 쓰는 쑥스러움을 덜기 위한 선택이었다.

두 단어가 중국에서 왔다고 해도 한자 표기가 각각 '坐之'와 '步

之'라고 했다면 위의 어원 풀이가 맞는 게 된다. 그런지 아닌지는 《역어유해》에서 직접 확인할 수 있다. 두 단어는 각각 한자(漢字) 두 글자로 표기됐고, 위 이야기의 표기와는 한 글자도 일치하지 않았다. 한편 두 단어의 각 앞 글자는 모양을 나타낸 것으로 보인다.

금기어 자리에 외래어를 끌어오는 관습이 반복될 경우, 자지와 보지는 몇백 년 뒤에는 사어(死語)가 될지 모른다.

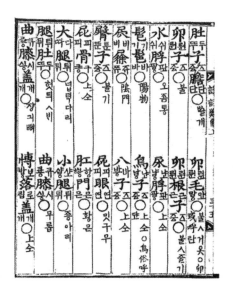

조선시대 중국어 어휘집 《역어유해》. 중국어 단어 아래 뜻이 적혀 있다. 남녀 성기를 가리키는 중국 단어 '기바'와 '비주'가 보인다. 그 아래에는 조선이 들여온 두 단어가 실렸다.

오징어가 까마귀를 먹는다?

'오징어'라는 단어가 '까마귀 도둑'이라는 뜻의 한자어 '오적어(烏賊魚)'에서 유래했다는 설이 있다. 이와 관련된 '오징어 까마귀 잡아먹듯 한다'는 속담이 있다. 이 속담은 꾀를 써서 힘을 들이지 않고 일을 해낸다는 뜻으로 쓰인다. 오징어는 어떻게 까마귀를 잡아먹나. 오징어의 까마귀 사냥은 이렇게 전해졌다. 오징어는 까마귀를 유인하려고 죽은 것처럼 물 위에 떠 있는다. 까마귀가 잡으려 하면 오히려 발로 까마귀를 감고 물속으로 끌고 들어가 잡아먹는다.

오징어는 머리가 좋다. 문제해결 능력을 배우고 이를 응용할 수 있다. 갑오징어는 물을 뿜어 펄을 불어내고 그 속에 있던 게나 새우를 잡기도 한다. 갑오징어는 또 피부 색을 바꿔가며 의사소통을 한다. 갑오징어는 피부를 주변 환경과 비슷하게 바꿀 수도 있다. 오징어가 영리하다지만, 까마귀는 결코 오징어의 속임수에 넘어갈 정도로 어리숙하지 않다. 까마귀는 오히려 가장 교활한 동물이라고 불릴 정도로 꾀가 많다. 까마귀는 영장류를 제외한 동물 중 드물게 도구를 사용할 정도다. 잔가지 같은 사물을 도구로 써서 먹이를 잡는다.

둘째 의문이다. 오징어가 저보다 더 크고 부리라는 무기를 지닌 까마귀를 제압하고 나아가 통째로 잡아먹을 수 있을 듯하지 않다. 도서출판 여초가 펴낸《생명과학대사전》에 따르면 오징어는 작은 어류, 새우, 게 등을 잡아먹는다. 두 동물의 생태가 의심을 더 부추긴다. 오징어는 낮에는 수심 200~300미터대에서 지내다 밤이 되어서야 얕은 바다로 올라오는데, 이때에도 수심 20m 안팎에서 다닌다. 오징어가 낮에 수면 위로 몸을 드러내면서 자신을 까마귀잡이 미끼로 쓴다는 얘기는 이 사실과 부합하지 않는다. 또 숲에서 사는 까마귀가 바다에서 오징어와 조우한다는 '설정'도 이상하다. 까마귀는 들쥐, 벌레, 다른 새의 알, 새끼, 곡류, 열매를 먹는데, 제가 평소에 섭취하는 먹이가 있지도 않고 사냥법도 통할 법하지 않은 바다로까지 가서 날아다닌다는 얘기가 수긍이 가지 않는다.

인터넷에서 검색해보면 사람들이 이 속설의 근거로 드는 것 중 하나가《자산어보》다. 이 책은 실학자 다산 정약용의 형 정약전이 썼고, 흑산도 연해의 어종을 다뤘다. 사람들은 이 책에 오징어의 까마귀 사냥이 소개됐다고 전한다. 정약전은《남월지》를 인용해 "오징어는 까마귀를 좋아하는 성질이 있어, 물 위에 떠 있다가, 날아가던 까마귀가 오징어를 보고 죽은 줄 알고 쪼으려 할 때 발로 감아 잡아 물속으로 끌고 들어가 잡아먹는다"고 소개했다. 그러나 그는 다른 설도 소개한 뒤 "아직 실상을 보지 못하여 사실을 알 수 없다"는 견해를 밝혔다. 실사구시를 표방한 실학을 연구한 정약전은 이 이야기를 전했지만 믿지는 않았다고 나는 생각한다.

현재 전해지지 않는《남월지》는 중국 남북조시대 인물 심회원이 589년 남쪽 지방 토착민들의 이야기를 중심으로 엮은 책으로 알려졌다. 여기 실린 오징어 전설은 명나라 시대인 1596년에 간행된 서적《본초강목》을 통해 살아남았다. 이 얘기가 지난 1,400여 년 동안, 오징어와 까마귀에 대한 사실이 밝혀진 뒤에도 통용된다는 사실이 신기하다.

《역어유해》는 오징어를 '烏○魚'로 표기했다. ○에 들어간 한자는 '賊' 아래 '魚'를 받친 글자로 요즘 쓰이지 않는데, 오징어를 뜻하는 것으로 짐작된다. 이 단어는 '까마귀 도적'이 아니라 '(먹물이) 검은 물고기'라는 뜻이다.

'오적어(烏賊魚)'에서 '賊' 자가 워낙은 다른 글자였다는 풀이도 있다. 원래 중국어 기준으로 이와 발음이 같은 '鰂' 자가 들어갔다가 더 간단한 글자인 '賊'으로 바뀌었다는 것이다. '鰂'은 '오징어 적'자다. 이 풀이에 따르면 원래 단어 '烏鰂魚'는 '까마귀처럼 까만 먹물을 뿜는 물고기'라는 뜻이다.

'싱숭생숭'의 싱숭생숭한 어원

'싱숭생숭하다'가 '뒤숭숭하다'는 단어와 의미가 유사하다는 점에서 이것과 관련지어 설명할 수 있지 않을까 하는 생각이 든다. (중략) 이렇게 보면, '싱숭생숭'의 '싱숭'은 본래 '숭숭'이었을 가능성이 높다. (중략) '숭숭'은 다시 '슝슝'으로 소급하는 것으로 판단된다. (중략) '슝슝'은 아마도 한자 어근 '洶洶(흉흉)'이 아니었을까 한다. '흉흉'은 본래 '물결이 세차고 물소리가 매우 시끄러운 모양'을 지시하나 비유적으로 발전하여 '분위기가 술렁하여 매우 어수선한 상태'를 지시하기도 한다.

조항범 교수의 책《정말 궁금한 우리말 100가지》는 "'싱숭생숭'의 어원 설명은 대단히 어렵다"면서 "그래서 아직까지 어원 미상의 단어로 남아 있는 것"이라면서도 위와 같은 가설을 내놓는다.

다른 가설은 '싱숭' 자체를 설명한다. 책《국어 어휘론 신강》은 '싱숭'이 조선시대에 들여온 중국어 '신숭(心松)'이었다고 본다. 책은 松의 번체자 '鬆'을 적었다. '신숭'이 '싱숭'으로 발음됐고 여기에 '생숭'이 추가됐다는 것이다. 그럼 신숭은 어떤 뜻인가. '마음 놓이다'는 뜻이다. 이 책은 "중국어 신숭을 받아들이면서 의태어로 변용시킬 때에 의미도 아울러 반어적으로 굴절시켰다고 생각할 수 있다"고 주장했다. 한편 '心松'은 요즘 중국어에서도 쓰인다. '心松了'는 '마음이 가벼워졌다'는 말이다.

두 가설 중 무엇이 사실에 가까울까? 두 가설은 '오컴의 면도날'에 비추어 비교 검토할 수 있다. 오컴은 중세 말기인 14세기 프란체스코회 수사이자 스콜라 철학자 윌리엄 오컴으로, 그는 현상의 인과관계를 설명할 때 불필요한 가정을 잘라내야 한다고 주장했다. 오컴의 면도날은 한 가지 현상을 설명하는 두 개의 가설 중에서 가정이 많은 쪽을 피하라는 추론 방법론으로 활용돼왔다. 가설의 가정은 저마다 틀릴 확률이 있기 때문에 가정이 많을수록 그 가설은 맞을 가능성이 떨어진다는 논리를 바탕으로 하고 있다. 오컴의 면도날은 논리 절약의 원칙, 간결함의 원리라고도 불린다. 예를 들면 천동설과 지동설을 오컴의 면도날로 비교할 수 있다. 오랜 세월 동안 받아들여졌던 천동설은 행성의 운행을 설명하기는 했지만 상당히 복잡했다. 이에 비해 지동설은 행성의 운행을 단순하게 설명했다.

오컴의 면도날로 자르면, 싱숭생숭을 설명하는 두 가설 중 '중국어 신숭(心松)'설이 더 그럴 법하다. 조항범 교수의 가설은 '변화의 고리와 그 각각에 작용한 요인의 가짓수'가 많다. 그중 어느 한 고리만 풀려도 이 가설은 와해된다. 그리고 약한 고리가 많다. 예컨대 이 가설은 '숭숭하다'가 '뒤숭숭하다'와 '싱숭생숭하다'로 갈라졌다고 주장한다. '숭숭하다'가 '뒤숭숭하다'가 됐다는 설명에는 별 무리가 없다. 그러나 '숭숭하다'가 '싱숭생숭하다'로 변해왔다는 설명은 아리송하다. '알쏭달쏭' 같은 준첩어는 '알쏭' 같은 의미 요소를 유지하면서 '달쏭' 같은 후렴 요소를 덧붙이는 형식으로 이뤄진다. 이런 준첩어 조어법에 비추어볼 때, '숭숭하다'에서 준첩어가 만들어질 때 '숭숭' 부분부터 '싱숭'으로 바뀌었다는 이 가설의 과정이 자연스럽지 않다.

조 교수도 같은 글에서 자신의 가설과 살짝 상충하는 설명을 내놓는다. 싱숭생숭에서 '싱숭'이 의미 부분이고 여기에 '생숭'이라는 후렴이 붙었다는 설명이다. 그렇다면 '싱숭'이 어느 단어에서 왔는지를 추리하기보다는 '싱숭' 자체를 놓고 궁리해야 한다는 얘기다. 알쏭달쏭에서 '알쏭' 자체의 의미를 찾는 것처럼 말이다. 게다가 조 교수는 글 말미에서는 다음과 같이 말하며 유보적인 모습을 보인다. "그러나 '싱숭'이 '洶洶'이 아니라면 '싱숭생숭'의 어원 설명은 원점으로 돌아가야 한다."

양복과 함께 들어온 단어

무역로를 따라 새로운 문물이 유입되고, 그와 함께 단어가 들어온다. 새로운 단어는 사람들 사이에 실뿌리를 내리면서 떡잎을 틔워 자라나고, 그다음에는 다른 영역으로 가지를 뻗는다. 양복감과 함께 흘러와서 섞이고 전파된 낱말들을 살펴본다.

어린 시절 양복점 이름은 대개 'ㅇㅇ라사'였다. '라사'가 무엇을 가리키는지 의문이었지만 답을 찾지 못했다. 그러다 얼마 전에 라사는 '羅紗의 발음 중 하나'라는 설명을 접했다.

그럼 '羅紗'는 무엇인가. 두음법칙에 따른 표준어 '나사'를 찾아보면 나온다. 국어사전은 나사를 "양털 또는 거기에 무명, 명주, 인조 견사 따위를 섞어서 짠 모직물"이라며 "보온성이 풍부하여 겨울용 양복감, 코트감으로 쓰인다"고 설명한다. 둘째 설명에서는 "두꺼

운 모직물을 통틀어 이르는 말"이라고 풀이한다. 이 라사라는 말이
한국에선 모직물을 다루는 상점의 이름에도 쓰이면서 양복점 상호
가 ○○라사가 된 것이다.

그럼 '羅紗'는 어디에서 온 단어인가. 한 사이트에 따르면 "포르
투갈의 모직물 라샤(raxa)에서 따온 말"이라고 한다. 그럴지 모르지
만, 이 설명에는 보완이 필요하다. 포르투갈어에서 'r'은 'ㅎ' 발음에
쓰인다. 축구선수 크리스티아누 호날두(Cristiano Ronaldo)가 그런 예
다. 'raxa'는 '하샤'라고 읽는다. 'raxa'라는 단어를 본 일본 사람들이
'라사'라고 읽고 '羅紗'라고 쓴 듯하다. 포르투갈어 사전을 찾아보면
'raxa'는 고어로 '일종의 거친 무명'을 뜻한다.

옷감과 함께 낱말이 흘러 들어왔고, 문화가 자리 잡았다. 라사와
함께 양복점(洋服店)이 생겨났다. 양복점과 함께 일본말도 들어왔
다. 양복의 안감은 '우라(うら·裏)'라고 불린다. 얼마 전 오래 입은 양
복의 안감이 여러 군데 터져 수선점에 가져갔더니, 옷 수선하는 분
이 "우라를 많이 손봐야겠네요"라고 한다. 일제 잔재이지만, 아직도
숨 쉬고 있는 '우라'라는 말이 반가웠다. 내가 '우라'를 반가워한 건
기자로 일하면서 '우라까이'라는 말을 숱하게 들었기 때문이리라.
우라까이는 '베껴 쓰다'라는 의미로 쓰이는 언론계 은어다. 언론계
에서도 일본이 원산지인 것으로 추정되는 말이 많이 쓰인다.

우라까이는 '우라가에스(裏反す)'에서 유래된 것으로 추정되고 있
다. 우라가에스는 '뒤집다' '계획을 변경하다'라는 뜻이다. 뒤집거나

계획을 바꾼다는 '우라가에스'가 어떻게 기사를 베끼다는 뜻으로 쓰이게 됐을까. 여기서 우리는 다시 양복점으로 돌아온다. 옷감이 귀하던 시절에는 헌 양복을 뜯어 옷감을 뒤집어서 다시 지어 입는 사람이 많았다. 오래 입어 옷감이 빛바랜 경우 그렇게 하면 헌 옷의 느낌이 덜했다고 한다. 헌 양복을 뜯고 뒤집어 새 양복으로 짓는 것을 '우라까이'라고 했다고 한다.

초짜이거나 손이 맵지 않은 기자는 보고 베끼는 우라까이도 제대로 하지 못한다. 틀린 기사를 우라까이하거나 고유명사나 사실관계를 틀리게 받아쓰는 경우가 보인다. 우라까이도 훈련이 필요하다. 우라까이를 잘하면 베낀 결과가 원작보다 그럴듯해 보일 수도 있다. '언론계에서 기사를 가장 잘 베끼는 기자의 이름은?'이라는 우스개가 있다. 답은 '우라까이 하루키'다.

덤. 그럼 우라까이 하루키가 좋아하는 노가리 안주 맥줏집의 이름은 뭘까? '노가리의 숲'.

한국식 외래어

기사는 사실 그대로를 고스란히 전하는 글이 아니다. 기사는 많은 사실을 일정한 방향에서 재구성한 글이다. 이는 매일 신문사 지면에서 확인할 수 있다. 정부에서 굵직한 정책을 발표했을 때 매체에 따라 달리 가공해 기사를 쓴 사례를 볼 수 있다. 사실을 어떤 방향에서 풀어놓을지, 초점을 잡는 작업을 언론계 은어로 '야마를 잡는다'고 한다. 이 은어는 유래가 뚜렷하게 밝혀지지는 않았지만, 아마 산(山)을 뜻하는 일본어 야마(やま)에서 왔고, 무언가를 정해 산 꼭대기처럼 뾰족하게 세운다는 데에서 나온 게 아닐까 싶다.

초점을 뜻하는 외래어로 '핀트'가 종종 쓰인다. 핀트는 네덜란드 말 '브란드-퓐트(brand-punt)'를 일본이 수입해 변형해 쓰는 것을 우리가 들여왔다고 한다. 브란드-퓐트는 '불타는 점'이라는 뜻이다.

일본에서는 핀토(ピント)라고 쓴다.

핀트처럼 단어의 뒤만 따서 쓴 사례가 버스(bus)다. 버스는 옴니버스(omnibus)에서 앞을 떼 만들었다. 이제 옴니버스는 같은 작가나 같은 주제의 여러 편을 함께 묶은 책이나 영화 앞에 쓰이지만, 처음에는 지금의 버스라는 뜻이었다. 이는 1929년 버스가 처음 운행됐을 때 영국 런던의 신문이 다음과 같이 보도한 데서 확인된다.

The new vehicle, called the omnibus, commenced running this morning from Paddington to the City.(옴니버스라고 불리는 새 교통수단은 오늘 아침 패딩턴에서 시티 구역을 오가는 운행을 시작했다.)

옴니버스는 '모든'을 뜻하는 라틴어 'omnibus'를 가져다가 만든 신조어로, '모든 사람을 위한 (탈것)'이라는 의미로 만들어졌다.

자동차의 계기판을 보면 연료가 줄어들면서 바늘이 E 쪽으로 향한다. 이 E가 '엔코(えんこ)'를 표시한 것이라는 농담이 있다. 일본어는 우리가 알게 모르게 우리 생각 속에 자리 잡고 있다. 자동차가 올라가는 경사면이 가파를 때 '고바위가 심하다'라고 말한다. 고바위는 어감이 우리말 같지만, 실은 일본어 '고바이(こうばい)'에서 왔다. 고바이는 한자로는 구배(勾配), 우리말로는 기울기, 물매에 해당한다.

프로테지라는 말을 들어보셨으리라. 백분율을 뜻하는 퍼센티지

(percentage)를 프로테지, 프로테이지라고 쓰는 사례가 간혹 보인다. 프로테지는 없는 말이다. 핀트처럼 일본을 통해서 들어온 네덜란드 말인데, 변형됐다. 네덜란드 단어는 프로센트(procent)고, 이 단어를 앞만 떼어서 프로(pro)라고 활용하다 여기에 퍼센티지(percentage)의 'tage'를 잘라내 붙인 것이다.

우리말도 길지 않은 세월을 거치며 달라진다. 외국에서 들어온 단어는 해당국에서와 다른 형태와 뜻으로 쓰이기 일쑤다. 어떻게 생각하면 원래 형태와 뜻으로 활용하자고 하는 건 뜻은 순수하되 욕심이 지나친 일이다. 다만 국제화 시대인 만큼 일상생활에서 자주 등장하는 외래어의 오류는 차츰 바로잡았으면 한다. 예컨대 백미러(back mirror)는 리어뷰미러(rearview mirror)라고 부르면 좋겠다. 백미러는 통신학 용어로 반사경을 뜻한다.

: 낱말의 규칙과 변화

된사람, 든사람, 난사람

1980년대 대학가 '풍속' 가운데 하나가 학보, 즉 대학신문을 주고받는 일이었다. 이성에게 학보를 부치는 일은 상대방에게 호감을 표시하는 방법이기도 했다. 학과 사무실에 들를 때면 내게 올 학보가 딱히 없는 걸 알면서도 우편함을 뒤적이곤 했다. 그러다가 보게 된, 동기생에게 온 학보의 띠지에 적힌 문구가 인상적이었다.

된사람, 든사람, 난사람 〇〇〇에게

'이런 칭찬을 듣다니….' 그 친구가 부럽기 그지없었다. '난사람'은 남보다 두드러지게 잘난 사람이다. '된사람'과 '든사람'은 사전에 아직도 오르지 못한 신조어이지만 뜻을 짐작하기는 어렵지 않다.

된사람은 성품이 바른 사람을 가리킨다. 성품은 사람됨이라고도 한다. 든사람은 학식이 든 사람을 뜻한다. 그러니 '된사람, 든사람, 난사람'은 성품과 학식을 갖춘 데다 외모나 사회적 지위가 출중한 인물이라는 말이다.

난사람은 '나다'와 '사람'이 결합한 단어다. '나다'에는 여러 가지 뜻이 있다. '난 인물'이라고 할 때는 뛰어나다는 뜻이다. '나다'는 밖으로 나오거나 나가다는 뜻도 지닌다. '든 자리는 몰라도 난 자리는 표가 난다'는 속담에서처럼 활용된다. '들다'는 '들어오다' '담기다' 같은 뜻으로 쓰인다.

'든'과 '난'이 단어 앞에 붙으면 각각 '들어온'과 '나간'이나 '가까운'과 '먼', 또는 '안'과 '밖'을 의미한다. 들어오고 나가는 동작을 아울러 '드나들다'라고 한다. '난부자든거지'는 겉으로는 부자 같지만 실속은 거지나 다름없는 사람이다. 반대로 '난거지든부자'는 겉으로는 살림이 형편없어 보이지만 실제로는 부유한 사람이다. 든벌은 집 안에서만 착용하는 신이나 옷이고, 난벌은 나들이 옷이나 신이다. 든벌과 난벌을 함께 이르는 말이 '든난벌'이다. 든바다는 육지로 둘러싸이거나 육지에 가까운 바다, 난바다는 뭍으로 둘러싸이지 않거나 뭍에서 멀리 떨어진 바다를 뜻한다.

'든'과 '난'처럼 뜻이 반대인 접두사 쌍이 '핫'과 '홑(또는 홀)'이다. 핫바지는 '솜을 두어 지은 바지'이고 겨울에 입는다. 홑바지는 '홑겹으로 지은 바지'다. 핫이불의 반대말이 홑이불이다. 요나 이불 따위의 겉에 씌우는 홑겹으로 된 껍데기를 '홑청'이라고 부른다. 핫아비와 핫어미는 배우자가 있는 사람이고 홀아비와 홀어미는 배우자를 잃은 사람이다. '홀'은 '홑눈'에서처럼 하나를 뜻하기도 한다. 이때 반대 접두사는 '겹'이다. 겹눈, 겹옷, 겹이불 등이 있다. 겹옷과 겹이불은 핫옷·핫이불과 달리 솜을 두지 않고 거죽과 안을 맞대어 짓는다.

홑몸과 홀몸은 뜻이 나뉘었다. 홑몸은 아이를 배지 않은 몸을, 홀몸은 배우자나 형제가 없는 사람을 가리킨다. 홀몸과 같은 한자어가 혈혈단신이다. 홑몸을 떠올려서 그런지 홀홀단신이라고들 잘못 말한다.

반대되는 또 하나의 쌍이 '옥다'와 '벋다'다. 끝이 바깥쪽으로 향하면 '벋다' '버드러지다', 안쪽으로 향하면 '옥다' '오그라지다'라고 한다. 이가 버드러지면 벋니, 버드렁니가 되고, 오그라지면 옥니라고 한다. 옥생각은 옹졸한 생각이고 옥셈은 잘못 생각해 스스로에게 손해가 되는 셈이며, 옥장사는 오그랑장사의 준말로 밑지는 장사라는 말이다. 옥자귀는 끝이 안쪽으로 꼬부라진 자귀다. 자귀는 나무를 깎아 다듬는 연장이고. 옥니바늘은 끝이 안으로 오그라진 낚싯바늘이다. 옥낫은 자그마한 낫으로, 접낫이라고도 한다. 접낫은 장대 끝에 매달아 쓴다. 이 밖에 '옥죄다'라는 단어가 있다.

요즘 '오그라들다'라는 단어가 자주 쓰인다. '손발이 오그라드는 멘트'라는 식이다. '당신은 된사람, 든사람, 난사람입니다'라는 칭찬도 그런 말이다. 그런 말을 가리켜 '옥이야기'라고 부를 수 있겠다.

'뱅이'의 족보

아이들이 둘 다 성인이 됐다. 귀엽기만 하던 표정은 어디로 간 걸까. 두 아들은 꼬마 때 뭘 키우고 싶어 했다. 첫째 아들은 사슴벌레를, 둘째 아들은 달팽이를 길렀다. 둘째 아이가 농장에 주문해 받은 달팽이 두 마리에는 이름이 붙어 있었다. 한 놈은 '달달이', 다른 놈은 '팽팽이'였다. 달팽이집에 이름표가 붙어 있었던 건 아니다. 상자속 쪽지에 그런 소개서(?)가 적혀 있었다. 어느 놈이 달달이였고 어느 놈이 팽팽이였나? 그 설명은 없었다. 두 놈을 구별할 필요도 없었다. 이름을 잘 지었다는 생각은 들었다. 이 얘기를 회사 동료들에게 했더니, '아마 다른 사람도 같은 이름이 붙은 달팽이를 받았을 것'이라는 추측이 돌아왔다.

그 무렵 둘째 아들이 읽던 책 《바다를 건너는 달팽이》를 나도 읽었다. 달팽이가 골뱅이와 친척 사이라는 사실을 알게 됐다. 비로소 가요 〈달팽이〉의 가사를 이해하게 됐다. '언젠가 먼 훗날에 / 저 넓고 거칠은 세상 끝 바다로 갈 거라고 / 아무도 못 봤지만 / 기억 속 어딘가 들리는 파도 소리 따라서 / 나는 영원히 갈래.'

달팽이와 골뱅이는 이름도 닮았다. 우리 선조는 두 동물이 혈연관계가 있으리라고 짐작하고 이름을 지었으리라.

골뱅이는 부호 '@'의 이름에도 자리를 잡았다. @를 '골뱅이'라고 부르는 언어는 한국어뿐이라고 한다. @를 '달팽이'라고 부르는 언어도 있을 법한데, 나는 아직 찾지 못했다. @를 노르웨이에서는 '돼지 꼬리(grisehale)'라고 부르고 네덜란드어로는 '원숭이 꼬리(apestaart)'라고 한다. 터키 사람들은 @에 '장미'라는 이름을 붙였다. 이스라엘 사람들은 @를 '과일, 치즈 따위를 밀가루 반죽으로 얇게 싸서 구운 과자(strudel)'로 부른다.

'뱅이'라는 접미사는 두 갈래로 쓰인다. 우선 '가난뱅이' '주정뱅이'처럼 어떤 행동이나 상태의 사람을 낮추는 데 붙는다. 또 뱅뱅도는 형상이나 동작을 표현하는 단어에 들어간다. 달팽이와 골뱅이는 둘 다 소용돌이 모양의 집을 짓고 키우며 산다. '뱅뱅이'는 뱅뱅도는 물건이다. 이 접미사가 단독으로 쓰인 단어가 '팽이'다. '똬뱅이'는 '똬리'의 충청도 방언이다.

생물을 분류하는 작업은 이름을 짓는 일과 떼어놓을 수 없다. 새로운 생물이 발견되면 그 '족보'를 따져 속명(屬名)을 정하고, 종명

(種名)을 짓는다. 달팽이와 골뱅이라는 이름을 지은 사람들은 생물학자의 역할도 한 셈이다. 두 생물은 '뱅이속'이라고 할까.

떨새와 차도녀

결혼식 때 새색시는 전통혼례를 하지 않아도 폐백 때에는 족두리를 쓴다. 족두리는 부녀가 예복에 갖춰 쓰던 관이다. 족두리는 민족두리와 꾸민족두리 등으로 나뉜다. 민족두리는 장식이 없고 꾸민족두리는 그 위에 옥판을 받치고 산호주(珊瑚珠), 호박, 진주 등을 꿰어 만든다. 간단한 퀴즈 하나. 족두리나 큰 비녀 따위에 다는 장식의 하나로, 매우 가는 은실로 만든 용수철 위에 붙이는 새 모양 장식, 흔들리면 발발 떠는 이 장식은 뭐라고 부르나?

답은 '떨새'다. '떨리는 새'라는 뜻이다. 참 쉽고 잘 만든 낱말이다. 떨새는 족두리 말고 다른 곳에도 앉았다. 새색시가 머리를 치장하는 데 쓰는 비녀인 화잠(花簪)이다. 화잠은 잔새김을 한 옥판 위에 금·은·주옥 따위를 박아 꾸미고 떨새를 앉혀 만들었다. 한편 화잠의 '잠'은 비녀를 가리키고 옥잠화의 '잠'도 같은 한자다. 옥잠화는 꽃이 옥으로 만든 비녀 같다고 해서 지어진 이름이다.

떨리는 장식이 붙은 머리꾸미개에는 '떨잠'도 있다 떨잠은 떨새를 붙인 과판 같은 것을 가리킨다. 과판은 여자 머리에 꽂는, 국화 모양의 장식이 달린 뒤꽂이를 뜻한다. '떨새'와 '떨잠'같이 평소에 생각하고 쓰는 말로 만들어진 낱말은 쉽고 자연스럽다. 물속의 큰 돌을 세게 쳐서 그 충격으로 고기를 잡는 일을 가리키는 '돌땅'도 그런 단어다.

우리가 일상적으로 부리지 않는 언어와 문자로 만든 단어는 복잡하고 부자연스럽다. 법률용어가 대표적인 사례다. 독자께서는 반제(返濟)와 몽리자(蒙利者)가 무슨 뜻인지 아시는지? 반제는 '빌렸던 돈을 모두 다 갚음'을 뜻하고 몽리자는 '이익을 얻거나 덕을 보는 사람'을 가리킨다.

옛날에 한자를 구사한 사람들은 줄여서 단어를 만들 때 지금과 정반대인 희한한 방식을 활용하기도 했다. '신라와 백제의 동맹'을 요즘 조어 감각으로는 '신백동맹'이라고 할 법한데, 각각 뒤 글자를 따서 '나제동맹'이라고 불렀다. 신라와 백제 사이의 관문은 '나제통문'이었고, '신라-당 연합군'은 '나당연합군'이 됐다. 또 고려와 몽고의 연합군은 '고몽연합군'이라고 하지 않고 '여몽연합군'으로 기록됐다.

뒤 글자를 따는 축약어 조성 관행은 중국에서 왔고, 그 뿌리가 깊다고 나는 추정한다. 그 근거는 멀리 사마천《사기》의 역사 서술 방식을 가리키는 말에서 찾았다. 사마천은 역사를 본기(本紀), 세가(世家), 열전(列傳) 등으로 나눠 서술했다. 본기는 왕의 정치와 행적을 중심으로 왕조의 변천을 다룬 부분이고, 세가는 제후를, 열전은 그밖의 인물을 소개한 부분이다. 사마천은 공자는 제후가 아닌데도 세가에 포함했다. 본기·세가·열전 등으로 역사를 구성하는 방식은 이후 '기전체'라고 불리며 동양 역사 서술의 전형으로 자리 잡게 된다. 여기서 기전체는 본기의 '기'와 열전의 '전'에서 따온 말이다.

'기전체'에서 보이는 케케묵은 조어법은 이제 쓰이지 않는다. 차도녀(차가운 도시 여자), 소확행(소소하지만 확실한 행복), 워라밸(work and life balance) 등 첫 글자를 따서 신조어를 만드는 방식이 일반적이다. '떨새'에서 보이는 직설적이고 간결한 조어법은 학문 분야에도 널리 쓴 직하다. 이미 그런 식으로 만들어져 쓰이는 단어도 있다. '떨판(떨림판)'이다. 이는 음성 전류를 소리로 바꿔주는 얇은 철판을 뜻한다. 한자어로는 진동판이라고 부른다.

'러미'라는 어미

나 가진 것 탄식밖에 없어

저녁 거리마다 물끄러미 청춘을 세워두고

살아온 날들을 신기하게 세어보았으니

기형도 시인의 〈질투는 나의 힘〉 중 한 대목이다. '물끄러미'는 우두커니 한곳만 바라보는 모양을 나타내는 의태어다. '러미'로 끝 나는 단어는 '물끄러미' 외에 '꾸러미' '보꾸러미' '지느러미' '거스 러미' 등이 있다. 꾸러미는 꾸리어 싼 물건이고 보꾸러미는 보자기 로 물건을 싼 꾸러미다. 지느러미는 물고기나 물에서 사는 포유류 가 헤엄치거나 균형을 잡는 데 쓰는 기관이다. 등지느러미, 배지느 러미, 꼬리지느러미 등이 있다. 쌍지느러미는 가슴지느러미, 배지느러미 등 한 쌍으로 된 지느러미를 가리킨다. 등지느러미와 꼬리지느러미는 홑지느러미다. 거스러미는 손발톱이 시작되는 부분이나 옆의 살 껍질 또는 나무의 결 따위가 가시처럼 얇게 터져 일어나는 부분을 가리킨다. 거스러미는 기계의 부품을 자르거나 깎은 뒤에 제품에 아직 붙어 있는 쇳밥을 뜻하기도 한다.

지느러미와 거스러미는 닮은꼴이다. 우선 두 단어 모두 꼬리지느러미처럼 '러미'라는 어미를 달고 있다. 또 둘 다 몸통에서 갈라져 나왔다. 지느러미는 물고기의 몸통에 붙어 있는 기관이고, 거스러미는 살·나무·금속 따위에서 일어난 기다란 부스러기라는 점은 다르다. 거스러미 중 손가락에 일어난 거스러미를 지칭하는 단어로 '손거스러미'가 만들어졌다. 손거스러미는 손이 거칠고 메마른 때 일어나는데, 이제 예전보다 손 쓰는 일을 덜 하고 손에 수분과 유분이 충분히 공급된다. 그래서 요즘에는 손거스러미가 생긴 사람이 많지 않다.

손거스러미가 드물어지고 본 사람이 줄어들다 보니 이 단어를 다른 부분에 잘못 붙이는 사례가 종종 눈에 띈다. 갈라지면서 삐죽 튀어나온 손톱이나 손톱 밑 각질은 손거스러미가 아니다.

손에서는 거스러미가 거의 사라졌지만 오늘날 청년들의 마음에는 거스러미가 무성하다. 사회의 토양이 메말라 발을 붙일 곳이 없는 탓이다. 청년들은 기형도 시인처럼 '물끄러미' 청춘을 세워두지 않는다. 청년들은 분노한다. 좌절과 체념보다는 분노가 낫다. 에너지가 꺾이지 않았다는 뜻이다. 그 힘을 제대로 쓰도록 할 방향과 길이 제시돼야 할 때다.

송
이
버
섯
﹒

표
고
버
섯
﹒

검
버
섯

버섯 이름에는 '이' 자가 많이 들어간다. 목이버섯, 능이버섯, 송이버섯, 양송이버섯, 석이버섯 등이다. 왜 그럴까. '이(茸)'는 버섯을 뜻하는 한자다. '茸'는 버섯보다는 녹용(鹿茸)을 가리키는 글자로 더 알려졌고, 이때엔 '용'이라고 읽는다. 앞의 버섯 이름은 한자어 목이(木茸), 능이(能茸), 송이(松茸), 석이(石茸) 등에 '버섯'이 추가돼 만들어졌다. '~이버섯'이라는 이름은 그러므로 '역전앞'처럼 한자에 우리말을 덧대서 만든 단어다.

'~이버섯' 중에는 그렇지 않은 종류도 있다. '~이'로 끝나는 우리말 단어와 '버섯'이 결합한 종류다. 꽃송이버섯, 더듬이버섯, 겨우살이버섯, 새주둥이버섯 등이다. '자생종 버섯'인 셈이다. 우리말로 이뤄진 버섯이 한자 '이'가 들어간 버섯보다 훨씬 많다. 표고버섯, 팽이버섯, 달걀버섯, 싸리버섯, 느타리버섯…. '우리말 생태계'에서 버섯 이름 영역은 한자에 덜 잠식된 셈이다. 검버섯은 피부가 늙으면서 생기는 거무스름한 얼룩이다. 비유적으로 저승꽃이라고 부르기도 한다.

잠깐 '스름'을 살펴보자. 스름은 '조금'을 뜻한다. '거무스름하다'는 조금 검다는 뜻이다. '스름 형용사'는 많은 편이다. 가느스름, 구부스름, 기우스름, 꼬부스름, 납작스름, 노르스름, 발그스름, 파르스름…. 여기서 '가느스름'에 눈길이 간다. '가느스름하다'는 조금 가늘다는 뜻이다. 비슷한 말이 있지 않을까? '갸름하다'라는 단어가 떠오른다. '기름하다'도 비슷하다. '가느스름하다' '갸름하다' '기름하다'는 유의어이지만 미묘한 차이가 있다. 세 단어 중 가장 보기 좋은 상태를 가리키는 낱말은 무얼까? 정답은 '갸름하다'다. 얼굴이 달걀형으로 예쁜 사람에게 칭찬한다며 얼굴이 기름하다고 하면 안 된다.

어스름은 조금 어둑한 상태나 때를 가리키고, 으스름은 침침하고 흐릿한 상태를 뜻한다. 다스름은 이와 갈래가 다르다. 다스름은 국악기를 연주하기 전에 음률을 고르게 맞추려고 짧은 곡조를 연주하는 일이다. 다스름은 아마 '다스리다'의 명사형이리라.

버섯 가운데엔 도끼버섯도 있다. 도끼 모양의 버섯이 아니다. 뜻을 짐작하려면 상상력을 더 발휘해야 한다. 도끼버섯은 절에서 쇠고기 따위의 육류를 이르는 말이다. 도끼나물이라고도 한다.

'도끼는 잊지만 나무는 잊지 않는다'고 한다. 어느 경찰서 지구대 앞에서 봤다. 곰곰이 생각해봄 직한 말이다.

손목 옆은 무슨 뼈?
발목 옆은 복사뼈,

우리말을 사랑한 장승욱은 《재미나는 우리말 도사리》, 《국어사전을 베고 잠들다》 등 책을 남겼다. 도사리는 다 익지 못한 채 떨어진 과실을 뜻한다. 낙과(落果)와 비슷한 단어다. 나는 《…우리말 도사리》를 읽었고, 그가 고등학생 이후 음주기행(飮酒奇行)을 담은 《술통》을 읽었다. 술통은 자신을 지칭한 제목이었다. 국어사전을 벗 삼아 놀다 베고 잠드는 경지에 오른 그가 보고 들려준 우리말 단어의 속살에 나는 경탄했다. 예컨대 이런 대목이다.

우리말에 '렵다'로 끝나는 단어는 마렵다, 가렵다, 어렵다, 두렵다 넷뿐이다. 그리고 이 네 단어는 공통점이 있는데, 해소되지 않거나 좋지 않은 상태를 가리킨다는 것이다.

'럽다'로 끝나는 형용사는 매우 많다. 어지럽다, 간지럽다, 더럽다, 부럽다, 부드럽다, 부끄럽다…. 그러나 그의 말대로 '렵다'로 끝나는 우리말은 딱 넷이다. '늬'로 끝나는 우리 단어도 하늬, 오늬, 보늬, 무늬 넷밖에 없다.

발회목 양쪽에 도도록이 불거진 뼈는 복사뼈라고 한다. 복사꽃이 복숭아꽃의 준말인 것처럼, 복사뼈는 복숭아(씨)뼈를 줄인 단어다. 회목은 손목이나 발목의 잘록한 부분을 가리키는 단어. 장승욱은《…우리말 도사리》에서 묻는다. 그럼 손회목에 불거진 뼈는 뭐라고 하나? 많은 자료를 뒤적였지만 해당하는 단어를 찾지 못했다며 "살구뼈나 자두뼈라고 부르면 어떨까"라고 제안한다.

나는 우리말에 대한 관심과 사랑에서 장승욱을 따라가지 못한다. 그러나 그의 생각을 키우거나 보완할 수는 있다고 생각한다. 그래서 찾아봤다. 손회목에 불거진 뼈에 과연 이름이 없는지. 열린마취통증클리닉 오세강 원장은 "손회목 돌기 뼈를 해부학에서는 척골경상돌기라고 부른다"고 알려줬다. 복사뼈는 해부학에서 과골(踝骨)이라고 한다. 이름이 없는 건 아니지만 척골경상돌기라는 단어는 일상생활에서 쓰기엔 어렵다. 장승욱의 제안을 받아들여 살구뼈라고 부르면 어떨까?

다른 분은 "우리말에는 인체 부위 이름이 세분되지 않았다"며 턱을 예로 들었다. "영어에는 턱이 'jaw'와 'chin'이 있고, chin은 입 아래 뾰족한 부분만 가리키는데, 우리말에는 chin에 해당하는 단어가 없다"고 말했다. 또 찾아봤다. 우리는 chin을 아래턱 또는 턱주가리라고 부른다. 턱주가리는 아래턱을 속되게 이르는 단어.

'가리'로 끝나는 단어에는 어떤 게 있을까? 역시 속된 말이 많다. 아가리, 대가리, 쪼가리, 노가리(거짓말), 멋대가리 등이다. 낟가리, 볏가리 등 '가리'라는 단독 명사에서 비롯된 말은 이와 종류가 다르다. 이 밖에 날짐승으로 왜가리, 말똥가리가 있고, 물에는 쏘가리와 명태 새끼 노가리가 산다.

어렵다, 어지럽다

앞 꼭지에도 썼다시피, 나는 우리말을 사랑한 장승욱 씨로부터 많이 배웠다. 그로부터 직접 가르침을 받지는 않았지만, 그가 쓴 책 《…우리말 도사리》와 《도사리와 말모이, 우리말의 모든 것》을 읽으면서 배웠다. '~렵다'로 끝나는 우리말이 '어렵다, 두렵다, 가렵다, 마렵다' 네 개밖에 없다는 사실도 그가 알려줬다고 앞서 말했다.

우리말에서 많은 형용사가 '~럽다' 형태를 띤다. 어른스럽다, 어지럽다, 간지럽다, 부럽다, 더럽다, 부드럽다…. '~럽다'에 포함된 어미가 '~끄럽다'인데, 이렇게 끝나는 단어로는 '시끄럽다, 부끄럽다, 미끄럽다, 껄끄럽다'가 있다. '~럽다'를 이루는 다른 어미는 '~스럽다'인데, 예를 들면 '사랑스럽다, 자랑스럽다, 조심스럽다, 갑작스럽다, 탐스럽다'가 있다.

가짓수를 기준으로 '~럽다'의 아류가 '~롭다'이다. 새롭다, 해롭다, 이롭다, 날카롭다, 번거롭다…. '~럽다'와 달리 '~롭다'에는 '~끄롭다'도 '~스롭다'도 없다. 저들 네 단어만 '~럽다'보다 어감이 더 강한 '~럽다'를 붙인 이유가 뭘까? 장승욱 씨는 설명을 시도했지만, 나는 여기에선 별 의미를 찾을 수 없다고 본다. 그렇게 생각하는 사례가 '가렵다'와 '간지럽다'이다. '가렵다'와 '간지럽다'는 차이가 거의 없다.

'~렵하다'로 끝나는 형용사는 '날렵하다'와 '엽렵하다' 둘뿐이다. '~렵하다'는 동사는 많다. 죄다 '수렵(狩獵)하다'의 '렵'이 들어간 동사다. '~렵'으로 끝나는 명사는 대부분 '수렵'처럼 사냥의 뜻을 지닌다. 그렇지 않은 명사는 '차렵, 무렵' 둘밖에 없다. '차렵'은 옷이나 이불 따위에 솜을 얇게 두는 방식을 나타낸다. 차렵이불, 차렵바지, 차렵저고리 등이 쓰인다. '패딩'은 솜이나 오리털을 넣고 누벼서 옷을 짓는 방식을 가리킨다. '패딩점퍼'처럼 쓰인다. 스타의 패딩점퍼 패션을 전하는 기사의 일부를 보자.

유니크한 패션 감각을 가진 RM은 얇은 경량 패딩점퍼로 추위는 막고 스타일 지수는 높이는 스타일링법을 공개했다. 블랙 터틀넥과 패턴 풀오버 스웨터를 겹쳐 입어 얇은 패딩점퍼 하나만으로도 충분한 늦겨울 패션을 완성했다.

_2018년 3월 19일 자 〈시크뉴스〉, '방탄소년단 마스터' 중에서

'경량 패딩점퍼' 또는 '얇은 패딩점퍼'라는 표현이 보인다. 이를 '차렵 패딩점퍼'라고 할 수도 있겠다. 그렇게 쓴 기자는 아직 없다. 어느 기자든 이 글을 보고 '차렵 패딩점퍼'라고 표현한다면 그는 국내 최초로 그렇게 썼다는 기록을 갖게 될 수도 있다.

패딩은 '누비' 또는 '누비옷'이라는 우리말로 바꿀 수 있다. 누비는 '누비바지' '누비저고리'처럼 쓰인다. 패딩점퍼는 누비점퍼다. 그렇다면 '경량 패딩점퍼' 또는 '얇은 패딩점퍼'는 '차렵 누비점퍼'가 된다. '차렵 누비점퍼'라고 쓴 기사는 없지만, '누비점퍼'라고 쓴 기사는 보인다. 반갑다. 2017년 11월 13일 자 〈스타뉴스〉는 배우 이민기의 드라마 속 패션을 전하는 기사에서 "패션보다 극한의 실용성을 택한 누비점퍼와 일바지, 분홍 고무장갑과 슬리퍼에 더해진 이민기의 엉거주춤 포즈가 웃음을 자아낸다"고 묘사했다. 누비점퍼보다 '누빔점퍼'라고 쓴 기사가 훨씬 많다. 2008년 11월 20일 자 〈한겨레신문〉의 '누빔점퍼가 거리 누비네'라는 기사 제목이 눈에 띈다. 누비점퍼든 누빔점퍼든 더 자주 지면이나 모니터를 누비면 좋겠다.

숭이, 퉁이, 통이, 뚱이

사람이 꽃보다 아름답다고 한다. 그래서는 아니겠지만 사람을 가리키는 말 중 '꽃송이'처럼 끝나는 단어가 하나 있다. '애송이'다. '송이'와 비슷한 '숭이'가 붙은 사람도 있다. 벌거숭이, 허릅숭이, 업숭이, 푸숭이. 허릅숭이는 일을 실답게 하지 못하는 사람을 낮잡아 이를 때 쓴다. 업숭이도 뜻이 비슷하다. 하는 일이 변변하지 못한 사람을 업숭이라고 놀린다. 푸숭이는 풋내기의 평안북도 사투리. 사람은 아니지만 원숭이도 '숭이'로 끝난다. 원숭이는 한자 원(猿)에 숭이를 붙여 만든 단어다.

'퉁이' '통이' '뚱이'도 사람을 가리키는 데 붙는다. 신퉁이는 신통하게 구는 사람을 귀엽게 부르는 말이다. 고집통이는 고집이 센 사람이니, 고집쟁이랑 같은 단어다. 꾀퉁이는 꾀쟁이를 속되게 이르는 말이다. 배퉁이는 제구실은 하지 못하면서 배가 커서 밥을 많이 먹는 사람을 놀릴 때 쓴다. 새퉁이는 밉살스럽거나 경망한 짓을 하는 사람이다. 잠퉁이는 잠꾸러기의 방언. 잘난 체하고 거드름을 피우는 사람을 놀릴 때 쟁퉁이라고 부른다. 쟁퉁이는 가난에 쪼들려 마음이 옹졸하고 비꼬인 사람을 가리키기도 한다.

핫퉁이는 솜을 많이 넣어 지은 두툼한 옷을 입은 사람, 굴퉁이는 겉모양은 그럴듯해도 속은 보잘것없는 사람이다. 방퉁이는 바보고 매련퉁이는 몹시 매련한 사람, 미련퉁이는 몹시 미련한 사람이다. 뚱뚱이는 설명이 필요 없긴 하지만, 몸뚱이가 뚱뚱한 사람이다. 물뚱뚱이는 뭘까. 하마를 속되게 물뚱뚱이라고 부른다고 한다. 왕뚱이는 곤충 꼽등이의 다른 이름이다. 불뚱이는 걸핏하면 불끈 성을 잘 내는 사람이다.

사람이 꽃보다 아름답다지만, 인생의 여정을 가로막거나 틀어버리며 고통스러운 길로 만드는 것도 사람이다. 적어도 좋은 사람들을 힘들게 하거나 괴롭게 하거나 아프게 하거나 슬프게 하거나 화나게 하는 그런 사람은 되지 않아야겠다고 생각해본다. 이런 목표에 이르렀는지 가늠하는 방법 중 하나가 자신이 앞에서 열거한 '숭이' '통이' '퉁이' '뚱이'인지 되돌아보는 것 아닐까. 물론 물뚱뚱이와 왕뚱이는 빼고. 신퉁이나 꾀퉁이도 고려 대상이 아니다.

씬 있는 낱말

'씬'으로 끝나는 낱말은 푹 젖고 넘치고 풍기고 피어오르는 느낌을 준다. '흠씬'은 아주 꽉 차고도 남을 만큼 넉넉하게 어떤 행위가 이뤄질 때 그 동사를 꾸며준다. '신선한 공기를 가득 들이마셨다'와 '차가운 공기를 흠씬 들이마셨다'는 뜻은 비슷하되 느낌은 살짝 다르다. 흠씬과 동의어인 '흠뻑'을 써서 '차가운 공기를 흠뻑 들이마셨다'고 말하면 또 느낌에 차이가 난다. '흠씬 젖는다' '흠씬 두들겨 맞는다'에서처럼 흠씬은 무엇인가에 노출되거나 당할 때 그 정도가 심하다는 것을 나타내는 부사로도 쓰인다.

'물씬'은 냄새가 풍기는데 코를 찌를 정도로 심할 때 쓰인다. 또 김이나 연기, 먼지 따위가 무럭무럭 피어오르는 모습을 표현하는 부사로 활용된다. 흠씬과 물씬은 둘 다 심할 때 쓰이는 부사라는 공통점이 있다. 그래서인지 홈씬이 물씬이 노는 동네에 마실을 가기도 한다. 물씬 자리에 홈씬이 들어간다는 말이다. 예를 들어 '바닷바람에 소금 냄새가 물씬 풍겼다'는 말을 '바닷바람에 소금 냄새가 홈씬 풍겼다'로 달리 표현하기도 한다.

이렇게 두 낱말이 친한 것을 고려하면, 반대로 홈씬 자리에 물씬을 넣어도 많이 어색하지는 않다. 예를 들어 '홈씬 젖는다' 대신 '물씬 젖는다'고 말하는 것이다. 이렇게 묘사해도 그리 이상하지는 않다.

홈씬과 물씬의 '씬'의 어감을 잘 드러내는 낱말이 '훨씬'이다. 훨씬은 '정도 이상으로 차이가 나게'를 뜻한다. 나는 이런 측면에 착안해 '~씬'은 보통보다 훨씬 정도가 더하다는 뉘앙스로 활용할 수 있다고 생각한다. '푹씬'이라는, 사전에 아직 없는 단어를 예로 들겠다. 조금 푸근하게 부드럽고 탄력이 있는 느낌을 나타내는 부사 '푹신'보다 더 강하게 '씬' 소리를 내면 된다. 푹신은 '이불로 아기를 푹신 감쌌다'처럼 쓰인다. 푹씬은 '두툼한 양모 이불로 아기를 푹씬 감쌌다'처럼 활용하면 된다. 또는 '돼지 족을 푹씬 삶았다'처럼 쓸 수도 있다.

'몰씬'은 '잘 익거나 물러서 연하고 몰랑한 느낌'을 표현하는 부사다. '감이 몰씬 익었다'처럼 쓰인다. 몰씬 익으면 말랑하게 익거나 물렁하거나 몰랑하게 익은 것보다 더 무르익은 상태를 가리킨다고 봐도 무방하겠다. 감이 무르익어 떨어질 정도라면 '몰씬 익었다'는 표현이 딱이라고 생각한다. 몰씬의 동의어로 '말씬'과 '물씬'

도 있다.

'작씬'은 '실컷'의 전남 사투리로, '두들기다'나 '맞다' 등과 함께 쓰인다. '작씬 두들겨 맞았다'처럼 쓰인다. 이 밖에 '씬'으로 끝나는 말에는 '날씬, 늘씬, 얼씬, 걸씬' 등이 있다.

그렇게 어리버리하다가는

'어리바리하다'는 정신이 또렷하지 못하거나 기운이 없어 몸을 제대로 놀리지 못하고 있는 상태를 가리킨다. '어리다'의 '어리'에 '바리'가 붙은, 얼룩덜룩 같은 준첩어라고 나는 추정한다. '어리마리 하다'도 있다. 잠이 든 둥 만 둥 해 정신이 흐릿하다는 뜻이다. 귀엽 게 여겨지기 위해 어린아이의 말씨나 태도를 보이는 짓은 '어리광' 이라고 불린다. '어리석다, 어리숙하다, 어리벙벙하다, 어리둥절하 다' 등은 넓게 보면 '어리다'의 범주에서 만들어진 것으로 보인다.

'어리젓'은 소금을 '약간' 뿌려 절여서 담근다. 어리굴젓, 어리뱅 어젓 따위가 있다. 어리굴젓을 담그는 방법은 다음과 같다. 다음 풀 이에서 '적'은 굴이 붙은 껍데기를 뜻하는 낱말이다.

생굴의 적을 따고 물에 잠깐 헹군 다음 소금을 짜지 않게 뿌려서 삭히려 할 때, 고춧가루나 마늘·생강 따위의 양념에 버무려 담근다.

동식물 이름에도 '어리'가 붙는다. 어리연꽃, 어리박각시, 어리 꿀벌, 어리여치, 어리호박벌, 어리물방개 등이다. 이들 동식물은 원 래의 동식물과 비슷하거나 가깝다는 뜻에서 이름 앞에 '어리'가 붙 었다. 어리연꽃은 용담과의 여러해살이 수중 식물로 제주도와 남 부, 중부 지역에서 자란다. 어리연꽃은 속이 노란 흰 꽃으로 지름은 1.5센티미터 정도다. 노랑어리연꽃도 있다. 노랑어리연꽃은 우리 나라 각처의 연못과 늪에서 자라는 다년생 수초이다. 꽃은 밝은 노 란색이고 지름이 3~4센티미터이다.

어리연꽃과 노랑어리연꽃으로 넘어간 김에, 연꽃의 다른 친척인 수련도 생각해보자. 나는 수련이 '水蓮'인 줄 알았는데, '睡蓮'이라 고 쓰더라. 잠자는 연꽃이라는 뜻이다. 잠자는 연꽃이라. 낮에는 꽃 을 피우고 해가 지면 꽃을 오므린다고 해서 이런 이름이 붙었다고 한다. 연꽃은 꽃대를 물 위로 올려 꽃을 피운다. 고아하다. 이성적 으로 보인다. 연꽃에 비해 수면 위에서 하늘하늘 피는 수련은 관능 적이다. 프랑스 화가 클로드 모네는 수련을 많이 그렸다. 모네가 연 꽃과 수련 중에서 수련을 택해 그린 것은 아닐 것이다. 그러나 모네 는 연꽃은 많이 보았더라도 그리지 않았을 듯하다.

내게는 '어리바리하다'보다 '어리버리하다'가 더 익숙하다. 그러나 '어리버리하다'는 표준어가 아니고 '어리바리하다'가 표준어다. 이는 이해되지 않는 표준어 선정이다. 우리말은 표현하는 소리가 어느 언어보다 풍부하고 한글은 어느 문자보다 세상의 다양한 소리를 담을 수 있는데, 게다가 많은 사람이 "어리버리하다"라고 말하는데 이를 표준어로 받아들이지 않는다니.

내 생각에 현재 한글맞춤법의 한계는 경직성이다. 현실과 동떨어진 한글맞춤법의 사례가 숱하다. 그중 둘만 더 들면 '삐악삐악'과 '닐리리'다. '삐악삐악'과 '닐리리'는 표준어가 아니다. 한글맞춤법에서는 한글 표기의 핵심만 규정하고 유연하게 재량권을 주는 편이 낫다. 관계자들이 '어리버리'하다가는 한글맞춤법 자체에 대한 신뢰를 잃게 된다.

일거리가 없을망정
가난하게 살지언정,

자투리는 마르고(재단하고) 남은 천 조각이다. 작거나 적은 부분도 자투리라고 부른다. 자투리땅은 구획정리를 한 다음 남은 좁은 땅이다. 나투리는 충청도 사투리인데, 우수리를 뜻한다. 우수리는 잔돈이고. 마투리는 뭘까. 곡식의 양을 섬이나 가마로 잴 때, 한 섬이나 한 가마를 채우지 못한 양을 마투리라고 한다.

정미소에 나락을 맡긴 농민이 이렇게 물어본다고 하자. "탈곡한 쌀이 한 가마 넘지? 얼마나 많아?" 한 가마가 넘을 때면 정미소에서는 '한 가마하고 한 말 한 되'나 '한 가마 한 말 두 되' 식으로 대답한다. 한 가마가 채 되지 않는다는 답이 돌아오면 농민은 얼마나 모자라느냐는 뜻으로 "마투리가 얼마나 되지?"라고 묻는다. 왜 부족한 양을 뜻하는 낱말까지 지었을까 잠시 생각하게 된다. 넘쳐서 좋은 기분보다 부족해서 아쉬운 느낌이 더 컸기 때문이 아니었을까?

이 밖에 '투리'가 들어간 말로는 미투리, 사투리, 까투리, 꼬투리 등이 있다. 미투리는 짚 대신 삼이나 노로 삼은 신이다. 까투리는 암꿩이다. 수꿩은 장끼고. 꼬투리는 '콩과 식물의 열매를 싸고 있는 껍질'이나 '이야기나 사건의 실마리'를 뜻한다. 또 '남을 해코지하거나 헐뜯을 거리'를 꼬투리라고 한다. 꼬투리를 잡기 좋아하는 사람들은 남의 말에서도 꼬투리를 찾아낸다. 그런 꼬투리가 말꼬투리다.

자투리 같은, 아니 자투리보다 덜 관심을 받는 우리말 구성요소가 어미(語尾)다. 어미는 주변적인 존재라는 점에서는 자투리와 비슷하다. 둘은 상반된 존재이기도 한 것이, 자투리는 남은 조각인 반면 어미는 붙이는 조각이다. 그런 어미 중에 'ㄴ~' 어미와 'ㄹ~' 어미가 있다. 'ㄴ다손'은 '치다'의 활용형과 함께, '네가 설령 그랬다손 치더라도 오늘 일은 묵과하지 못한다'는 식으로 쓴다. 'ㄴ답시고'는 '뭘 좀 안답시고 참견하려 했다가 혼쭐이 난 사람이 한둘이 아니다'는 식으로 활용된다. 'ㄴ대서야'는 '그걸 모른대서야 말이 되나'에서처럼, 'ㄴ들'은 '이런들 어떠하리, 저런들 어떠하리'에서처럼 쓰인다.

'ㄹ라치면'은 '명절만 될라치면 고속터미널 주변에는 귀성객을 실어 나르려는 관광버스가 몰려왔다'는 식으로 들어간다. 'ㄹ지언정' 'ㄹ망정' 'ㄹ진대'를 모두 넣어서 문장을 지을 수 있을까? 다음과 같은 문장이 가능하다.

우리가 비록 가난하게 살지언정, 또 지금 일자리가 없을망정, 미래에 대한 믿음이 있을진대 무엇을 두려워하리요.

사람들은 이들 어미를 단독 단어로 취급하지 않는다. 그러면서도 약방에서 감초 넣듯 쓰곤 한다. 우리말 표현을 풍부하게 하는 이들 어미에 더 애정을 기울이면 좋겠다.

‘작은뜸부기’보다 작은 뜸부기

뜸북뜸북 뜸북새 논에서 울고

뻐꾹뻐꾹 뻐꾹새 숲에서 울제

우리오빠 말 타고 서울 가시면

비단구두 사가지고 오신다더니

노래 〈오빠 생각〉의 1절이다. 가사에서 뜸북새는 뜸부기를 가리 킨다. 뜸부기는 여름철새로 겨울은 동남아시아에서 보낸다. 수컷이 '뜸북 뜸북' 또는 '뜸 뜸 뜸' 하고 지저귄다. 멸종위기 조류로 현재 철 원, 파주, 서산 등지의 논에서 드물게 발견된다. 뜸부기의 '사촌'으 로 작은뜸부기와 쇠뜸부기사촌, 작은쇠뜸부기, 쇠뜸부기 등이 있다. 뜸부기는 몸길이가 38~32센티미터이고 작은뜸부기는 32~27

센티미터, 쇠뜸부기사촌은 약 22.5센티미터, 작은쇠뜸부기 20~18센티미터, 쇠뜸부기는 18센티미터 정도다. 이렇게 줄을 세워놓고 보면 '쇠'는 작다는 뜻을 지닌 접두사임이 보인다. 또 '쇠'는 '작은'보다 더 작음을 나타내는 경향이 있다는 가설도 세울 수 있다. 작아서 '쇠'를 앞에 달고 있는 새로는 쇠오리, 쇠백로, 쇠부엉이, 쇠물닭도 있다. 쇠족제비는 족제비과 동물 중에서 가장 작은 종으로 몸길이가 16센티미터에 불과하다. 영어로도 'least weasel', 가장 작은 족제비라고 불린다. 쇠족제비는 생쥐를 비롯한 소형 설치류를 사냥하지만 경우에 따라 다람쥐, 집쥐도 잡는다. 식물 중에서도 '쇠'가 붙은 종이 있다. 쇠비름이다. 쇠비름은 비름보다 작은 종으로 추정된다.

별꽃은 이름 그대로 별처럼 생긴 꽃이다. 쇠별꽃도 별 모양이다. 쇠별꽃은 4~5월 봄에 밭이나 논둑 또는 공터에서 핀다. 직경이 5~7밀리미터 정도로 작은 꽃이다. 별꽃은 쇠별꽃보다 작다. '쇠'가 붙은 종이 예외적으로 더 큰 것이다. 여기엔 사연이 있다. 별꽃과 쇠별꽃의 일본에서 쓰이는 한자 이름은 각각 번루(繁縷)와 우번루(牛繁縷)다. 우번루의 '우'를 '쇠'라고 옮기면서 '쇠별꽃'이라는 이름이 생겨났다고 책《창씨개명된 우리 풀꽃》은 전한다.

새는 크기로 대별하면 3개 종으로 나뉜다. 물닭은 쇠물닭, 물닭, 큰물닭 순서로 커진다. 제비갈매기는 쇠제비갈매기, 제비갈매기, 큰제비갈매기의 순서로 커진다. 북한에서는 제비갈매기를 '쇠갈매

기'라고 부른다. 북한에서 쇠갈매기(제비갈매기)보다 큰 새는 큰쇠갈
매기(큰제비갈매기)다. 그럼 쇠갈매기보다 작은 새는 뭐라고 부를까.
'갈매기'는 아닐 것이다. 그럼 '작은쇠갈매기'일까?

끝나는 말은 리, 리, 리자로

우리말은 영어 못지않게 접두사와 접미사가 발달했다. 강추위는 두 가지가 있다. '강(强)추위'는 심한 추위를 가리키고, 한자가 없는 '강추위'는 눈도 오지 않고 바람도 불지 않으면서 몹시 매운 추위를 뜻한다. 강추위에서 '강'이라는 접두사는 '무엇이 추가되지 않은'을 뜻한다. 강소주는 안주 없이 마시는 소주고, 강울음은 억지로 우는 울음이다. 눈물을 흘리지 않는 울음을 뜻할 듯하다.

'미'는 '물'을 뜻한다. 미더덕, 미나리, 미꾸라지….

접미사 중 '깨비'가 들어간 단어는 얼마나 될까. 도깨비, 허깨비, 방아깨비, 진눈깨비…. 성냥개비의 개비는 '깨비'의 사촌이겠다. '깨비'는 아마 변두리를 서성이는 존재에게 편하게 붙이는 접미사가 아닐까.

표준어 가운데 '늬'로 끝나는 단어는 네 개밖에 없다. 하늬, 보늬, 무늬, 오늬. 하늬는 서풍이고 보늬는 밤의 속껍질이다. 오늬는 화살 꽁무니에 활시위를 끼도록 에어낸 부분을 뜻한다. '늬'의 용처는 '깨비'보다 흐릿하다. 나는 '늬'가 단어에 섬세한 느낌을 주는 접미사라고 본다.

'민'은 없다는 뜻이다. 민달팽이, 민소매, 민며느리, 민가락지···. 같은 접두사로 '맨'이 있다. 맨땅, 맨다리, 맨발, 맨살···. '민'은 대개 갖춘 무언가가 결여된 상태를 나타내는 반면, '맨'은 '무엇을 더하지 않은 그대로'라는 뜻을 풍긴다. 그래서 '민낯'보다는 '맨얼굴'이 더 자연스럽다.

나는 아이들이 어릴 때 끝말잇기 놀이를 많이 했다. 접두사나 접미사 대기도 가끔 했다. '리, 리, 리 자로 끝나는 말은'류의 놀이였다. 방송의 우리말 퀴즈 프로그램에도 반영하면 좋지 않을까. 퀴즈 하나. '라기'로 끝나는 단어를 생각나는 대로 들어보시오.

해바라기, 호루라기, 지푸라기, 싸라기, 개밥바라기, 실오라기, 보푸라기, 까끄라기, 해오라기, 메추라기···.

부스러기와 조무래기도 비슷한 접미사를 달았다.

역순사전을 갖고 싶다

술 마시고 난 다음엔 얼큰한 해장국이 딱이다. 얼큰 말고 '큰'이 어간인 단어에는 무엇이 있을까? 콧날이 시큰해지는 '시큰'이 있다. 냄새 따위가 한 번에 확 풍기는 모양을 표현하는 '물큰'도 있다.

'룩' 자로 끝나는 단어는 무엇이 있을까? 벼룩, 누룩, 부룩이 떠오른다. 부룩이라는 단어는 생각은 나되, 뜻은 희미하다. 찾아보니 '곡식이나 채소를 심은 밭두둑 사이나 빈틈에 다른 농작물을 듬성듬성 심는 일'이란다. 아, 얼룩도 있다.

'름'으로 끝나는 이름씨를 찾아보자. 이름, 여름, 구름, 아름, 지름, 마름, 주름, 씨름, 시름, 거름, 기름, 고름, 비름, 게으름, 고드름, 심부름….

어떤 글자로 끝나는 단어를 찾는 일은 심심풀이에 그치지 않는다. '밥'으로 끝나는 단어를 모아서 찾아보게 하면, 밥과 관련해 적절한 단어를 고르는 데 도움을 준다. '진밥'의 반대말은 '된밥'이고, 아주 되게 지은 밥은 '고두밥'이라고 부른다. '찰밥'의 반대말은 '메밥'이다. 낚시할 때엔 '떡밥'을 쓴다. '연밥'은 연잎에 싸서 찐 밥이 아니라 연꽃의 열매다.

'녘' 어미의 단어는 동녘, 서녘, 남녘, 북녘, 들녘, 아랫녘, 개울녘, 해질녘, 밝을녘, 어슬녘, 저물녘 등이 있다. 이로써 '녘'은 방향과 지역 외에 하루 중 어떤 시기를 나타내는 데 쓰임을 알 수 있다.

단어를 끝 글자에 따라 배열한 '역순사전'은 여러모로 유용하다. 역순사전을 통해 같은 어미나 접미사를 가진 여러 단어를 한눈에 볼 수 있다. 이들 단어는 일반 사전에서는 여기저기 흩어져 있다. 역순사전을 활용하면 합성과 파생으로 단어가 만들어지는 조어법을 익히게 된다. 이를 새로운 단어를 만드는 데 활용할 수 있다.

역순사전은 또 우리말 어휘력과 표현력을 향상시켜준다. 1985년 정음사에서 펴낸 《우리말 역순사전》을 엮은 유재원은 "역순사전은 국어학자, 작가, 시인, 언론인, 학생이 글 쓰는 데 도움이 된다"고 설명했다. 《우리말 역순사전》은 자음은 'ㅀ, ㅎ, ㅎ, ㅍ, ㅍ, ㄾ, ㅌ, ㅋ, ㅊ' 순서로, 모음은 'ㅣ, ㅓ, ㅡ, ㅠ, ㅟ' 순으로 단어를 배열한다. '잃'로 끝나는 단어, '싫'로 끝나는 단어, '끓'로 끝나는 단어가 나온다. '앉히' 항목에는 '들여앉히다, 주저앉히다, 꿇어앉히다, 가라앉히다' 등이 열거된다.

역순사전은 19세기 말 독일에서 권말 부록으로 실리면서 처음 등장했다. 1904년에는 인구어(印歐語, 인도에서 유럽에 걸친 지역에서 쓰이는 언어)에 대한 첫 역순사전이 나왔다. 1957년에는 최초의 현대어 역순사전이 편찬됐고, 1962년에는 컴퓨터를 돌려서 만든 이탈리아어 역순사전이 출간됐다.

《우리말 역순사전》또한 컴퓨터를 활용한 결과물로, 분량이 877쪽에 이른다. 하지만 사전 이용자 입장에서는 군더더기가 많고 찾아보기 불편하다. 컴퓨터 작업 이후, 역순으로 봤을 때 의미가 있는 단어만 추려내 사전에 담았다면 더 좋았겠다. 우리말 역순사전은 《우리말 역순사전》이 처음이자 마지막이다. 괜찮은 역순사전 하나가까이 두고 싶은 건 나 같은 서생(書生)의 지나친 욕심일까?

이를 꼭 쑤셔야 할까

아이들이 어릴 때 '오줌을 눈다' '똥을 눈다'고 말하라고 시켰다. 더 어렸을 때 습관을 들였어야 했을까. 아이들은 익숙한 단어인 '싼다'를 버리지 못했다. 결국 우리 삼부자 중 나만 오줌을 누고 똥을 누고 있다. 두 아들 녀석은 계속 오줌을 싸고 똥을 싼다.

"'누다'나 '싸다'나 같은 뜻인데, 누거나 싸거나. '누다'가 '싸다'보다 낫다는 건 당신 선호 아닌가? 뭘 그런 걸 다 애들한테 강요하나?"

이렇게 힐문하는 분이 있으리라. 나는 이에 대해 '누다'와 '싸다'는 뜻이 다르다고 대답한다. '누다'는 배설물을 몸 밖으로 내보낸다는 뜻이고 '싸다'는 배설물을 참지 못하고 내놓는다는 말이다. 그래서 비아냥대는 표현을 '똥 싸고 있네'라고 하지, '똥 누고 있네'라고 하지는 않는다.

'짜증'도 내가 가급적 피하려고 하는 단어 목록에 포함된다. '불쾌하다, 언짢다, 화난다, 부아가 난다, 뿔난다, 기분 나쁘다' 등 비슷한 다른 표현보다 '짜증 난다'는 훨씬 불쾌한 느낌을 준다. 짜증 난다는 말을 들으면, 듣는 내게로 나쁜 기분이 전파되는 느낌이 든다. 아, 오해하지 마시길. 나는 아이들에게 짜증 난다는 말까지 금지하지는 않았다.

셋째 단어는 '이쑤시개'다. 언젠가 함께 식사한 분이 이쑤시개를 찾으며 말했다. "이쑤시개 말고 다른 적당한 단어 없을까요? 부를 때마다 참 거슬려요." "그렇군요. 영어로는 투스픽(toothpick)이죠. 이쑤시개는 좀 그렇네요." 잘 차려진 밥을 맛있게 먹고 나서 꼭 불쏘시개처럼 어감이 투박한 이쑤시개로 이를 쑤셔야 할까? '쑤신다'는 단어를 대신할 뭐가 없을까?

이후 나는 이쑤시개를 볼 때면 새로운 이름을 궁리하곤 했다. 그중 하나는 '잇개비'다. 가느다란 나뭇조각인데 머리에 성냥골을 붙이고 있으면 성냥개비이니, 머리가 이 사이를 오가도록 뾰족하게 깎였으면 잇개비라고 부르면 어떨까 생각했다. 어감이 더 부드러운 둘째 안은 '이이개'다. 귀지를 파내는 가느다란 막대기를 '귀이개'라고 부르는 것을 응용한 이름이다.

노견을 버리고 갓길이라는 좋은 이름을 붙인 것처럼 우리 곁에는 새 이름을 지어줄 대상이 적지 않다. 이름을 잘 지으려면 우리말 조어법에 능숙해져야 한다.

단어 생태계의 적자생존

'건강한 육체에 건전한 정신이 깃든다.' 학창 시절 체육관에서 본 듯한 문구다. '깃들다'는 '아늑하게 서려들다' '감정, 생각, 노력 따위가 어리거나 스미다'라는 동사다.

'깃'은 동음이의어로 각각 옷깃, 새의 깃털, 보금자리나 소굴 등을 지칭한다. '깃들다'의 '깃'은 뭘까. 요즘 사전에는 이 물음을 풀 실마리가 나오지 않는다. 옛 사전을 뒤적여보자. 동아국어사전 1990년판은 '깃들다'는 틀린 표현이고 '깃들이다'가 맞는다고 설명한다. 더 거슬러 올라가면, 1970년대 민중서림 국어사전은 '깃들다'는 원말이 '깃들이다'라고 설명한다. 이 두 가지 설명으로부터 우리는 다음과 같이 추론할 수 있다. '깃들이다'라는 단어를 '깃들다'로 쓰는 사례가 많아지면서 '깃들다'가 '깃들이다'로부터 갈라져 나와 음과 뜻이 비슷하면서도 다른 낱말로 독립했다.

'깃들이다'의 '깃'은 보금자리를 뜻한다. 따라서 '깃들이다'는 '깃을 들이다', 즉 짐승이 보금자리를 만든다는 말이다. '까마귀가 은행나무에 깃들였다' '산은 산이로되 돌이나 흙만 남아 소쩍새 한 마리 깃들일 곳이 없고'와 같이 쓰인다. 요새 나온 사전은 '깃들다'를 '깃들이다'와 별개의 표제어로 올린다. '거리에는 어느새 황혼이 깃들었다' '노여움이 깃든 얼굴'처럼 쓰인다.

강산도 변하는데 하물며 수많은 사람들이 함께 쓰는 말이야. 우리말의 생태계는 산업화를 거치며 엄청난 변화를 겪었다. 자연 속에 깃들였던, 농경사회에서 숨 쉬던 많은 단어가 거의 쓰이지 않거나 사실상 도태됐다.

'겻불'도 변이 단계에 놓인 낱말이다. '양반은 죽어도 겻불을 쬐지 않는다'는 속담에 나오는 겻불 말이다. 인터넷에서 검색해보면 많은 사람들이 겻불을 '곁불'이라고 적는다. 솔직히 말하면 나도 얼마 전까지 곁불인 줄 알았다. 양반 체면에 남이 불을 쬐는 곁에서 빌붙는 짓은 하지 않는다는 뜻이라고 이해했다. 그게 아니었다. 겻불은 겨를 태우는 불이다. 겨는 벼의 곡식을 찧어서 벗겨낸 껍질이다. 겉겨는 왕겨라고 불렸고, 가장 고운 속겨는 쌀겨라고 했다. 벼농사는 식량뿐 아니라 생활 곳곳에 요긴하게 쓰이는 자원을 제공했다. 볏짚은 지붕을 이고 신발과 망태기를 삼는 재료이자 불을 지피는 재료로 쓰였고 소 꼴로도 활용됐다. 왕겨는 베개 속을 채우거나 아궁이에서 태웠다. 쌀겨는 가축 사료로 쓰였다.

왕겨 불은 콸콸하게 타오르지 않는다. 입자가 빽빽하게 쌓인 사이로 공기가 잘 흐르지 않기 때문이다. 그래서 아궁이에서 왕겨 불을 지필 때에는 풍구를 돌리곤 했다. '양반이 죽어도 쬐지 않는다는 겻불'은 그렇게 지지부진한 불을 뜻한다.

'염불보다 잿밥'이라는 속담은 어떤가. '잿밥'은 '제삿밥' 같은데 왜 '재'라고 쓸까. '재'가 낯설게 느껴지는 건 '제사'는 지내봤어도 '재'는 구경도 하지 못한 탓이다. 재(齋)는 성대한 불공이나 죽은 이를 천도(薦度)하는 법회라는 뜻이다. 천도는 죽은 사람의 넋이 정토(淨土)나 천상(天上)에 나도록 기원하는 일이고. 사십구재는 사람이 숨진 지 49일 되는 날에 지내는 재이다. 반면 삼우제는 재가 아니라 제사다. 장사를 지낸 후 세 번째 지내는 제사, 또는 장사 뒤 3일째에 지내는 제사를 가리킨다. 헛제삿밥은 제사 후 남은 음식에 깨소금, 간장 따위를 넣어 비빈 음식이다.

'씨알도 안 먹히는 소리'라고 한다. 씨알이 아니라 '씨'다. 베틀에서 옷감을 짤 때 가로줄은 씨, 세로줄은 날이라고 한다. 날 사이로 씨를 엇갈리게 넣는 도구가 북이다. 씨가 날에 잘 먹어야 옷감이 잘 짜이는데, 그렇게 되지 않을 때 바로 '씨가 안 먹힌다'고 말한다. 여기에서 '씨도 안 먹히는 소리'가 나왔다. 그런데 여기서 씨가 베틀의 씨임을 잘 모르는 사람들이 씨를 '씨앗'으로 알고 '씨알'로 바꿔 '씨알도 안 먹히는 소리'를 말하게 됐다.

언어 속의 단어는 언중(言衆)의 입을 거치며 변화를 겪는다. 단어는 전혀 다른 뜻으로 바뀌는가 하면 다른 단어를 낳기도 한다. 발음이 달라지는 일도 흔하다. 사회의 변천에 따라 거의 잊히기도 하고 완전히 도태되기도 한다. 생태계에서처럼 언어 속에서도 돌연변이와 적자생존이 끊임없이 일어난다. 모쪼록 우리말 생태계의 변화가 아름다운 쪽으로 이뤄지기를 기원한다.

발라내고, 되살리고

'옥석구분'이라는 사자성어가 있다. 옥(玉)과 석(石)을 구분(區分)한다는 뜻으로 오해되기도 한다. 옥석구분은 그런 뜻이 아니라 옥과 돌이 함께 불타버린다는 의미다. 착한 사람이나 악한 사람이 함께 망(亡)함을 가리킨다. 한자는 '玉石俱焚'이다.

'발라내다'라는 동사의 쓰임새를 보노라면 옥과 돌을 가리지 않는다는 생각이 든다. 발라내는 대상이 우리가 취하는 것일 때도 있고 버리는 것일 때도 있어서다. 예를 들어 우리는 생선에서 살을 발라내기도 하지만, 뼈를 발라내기도 한다.

각설하고, 뼈를 발라내는 작업을 가리키는 단어로 발골(發骨)이 있다. 국어사전에는 오르지 못한 단계이지만, 널리 쓰이는 낱말이다. 《식품과학기술대사전》은 발골을 '지육이나 부분육으로부터 뼈를 제거하는 작업'이라고 풀이한다. 농촌진흥청에서 편찬한《농업용어사전》은 발골이 '도체에서 뼈를 제거하는 것'이라며 영어로는 'deboning', 한자로는 '發骨'이라고 한다고 설명한다. 아마 이 말을 만든 사람은 '발라내다'라는 단어에서 '발'을 발라내 뼈(骨) 앞에 붙였으리라. 그런데 '발라내다'라는 동사 자리에 '발전하다'의 '발(發)' 자는 적당하지 않다. '發'보다는 '뽑아내다'라는 뜻인 '발(拔)'이 낫지 싶다. 항우를 수식하는 '역발산기개세(力拔山氣蓋世)', 즉 '힘은 산을 뽑고 기세는 세상을 덮는다'는 표현에 들어간 '拔'이다.

그러나 발골(拔骨)도 '딱이다' 싶지는 않다. 발골(拔骨)은 중국에서 '추근(抽筋)'을 앞에 붙여 '추근발골(抽筋拔骨)'로 쓰이는데, (근육을 빼고 뼈를 뽑을 정도로) '마지못해 억지로 함'을 나타내는 데 활용된다.

사설이 또 길었다. 발골이라는 단어를 화제로 올린 건 한자어식 조어력(造語力)을 말하기 위해서였다. 발골이라고 하지 않고 '뼈를 발라내는 작업'이나 '뼈를 발라냄'이라고 하면 음절이 길어져 단어가 늘어진다. 발골이 더 간단하고 효율적이다. 발골과 비슷한 최근 신조어가 '송담'이다. 송담은 소나무를 타고 올라가는 담쟁이덩굴을 일컫는 말이다. '송'은 '소나무 송(松)'에서, '담'은 담쟁이덩굴에서 따왔다. 담쟁이덩굴은 고유어다. '담장'은 고유어 '담'에 같은 뜻을 지닌 한자 '장(牆)'이 결합된 단어다.

우리말과 한자를 결합하는 조어는 과거에도 곧잘 만들어졌다. 세발(細+발)낙지가 가장 대표적인 단어이지 싶다. 길치(길+治)는 도로 보수를 뜻했고, 노름차(노름+借)는 노름빛을 가리켰다. 단거리(單+거리)는 오직 하나뿐인 것, 면새(面+새)는 체면이나 모양새를 의미했다. 겹결(恝+결)도 그런 단어다. 심재기는《국어어휘론 신강》에서 "우리 선조들은 한자를 외래 요소로 인식하면서도 한자 낱자를 마치 독립된 낱말이나 형태소로 인식하고 고유어와 구별 없이 사용하였다"면서 고유어와 한자어를 합쳐 만든 이들 복합어를 예로 들었다. 그는 그런 복합어로 '굳건(굳+健)하다' '튼실(튼+實)하다' '익숙(익+熟)하다' '온전(온+全)하다' 등도 예시했다.

한자는 대개 한자와 결합해 단어를 형성한다. 한자는 고유어에 비해 개념어(概念語)를 만들어내기 적합하다. 한자는 조어력이 강하다는 얘기다. 그래서 일반 용어는 물론이고 학술 용어에서 한자어가 계속 늘어나는 추세라고《국어국문학자료사전》은 설명한다.

우리 고유어와 한자어를 구분해 우리 고유어를 더 살려서 쓰자는 주장을 하는 사람들이 있다. 고유어를 발라내 더 많이 쓰자는 주장의 방향은 옳다. 그러나 한국어는 이미 고유어보다 더 많은 외래어를 포함하고 있다.《국어국문학자료사전》이 인용한 통계를 보면 한글학회《큰사전》을 기준으로 할 때, 순수 국어가 7만4,612개 항목, 한자어가 8만5,527개 항목, 외래어가 3,986개 항목이다. 한자어가 52%에 달하고 다른 외래 요소가 2% 남짓으로, 도합 54% 이상이 외국에서 들어와 우리말에 자리를 잡았다.

한편《큰사전》은 한글학회가 엮은 국어사전으로, 조선어사전편

찬회가 1929년에 작업을 시작해 1947년에 첫 권이 나왔고 1957년에 완간됐다. 이후 한국이 외래 문물을 수입함에 따라 영어를 비롯한 많은 언어가 함께 유입돼 우리말에 외래어로 자리를 잡았으니, 외래어의 비중은 훨씬 더 커졌을 것이다.

한자어는 이미 우리말에 깊숙이 스며들었다. 우리가 고유어라고 여기는 상당수 단어가 한자에서 유래했다. 필요한 단어를 한자어로 새로 만들고, 고유어도 되살려서 더 많이 활용하는 열린 접근이 바람직하다고 나는 생각한다.

그리고 우리는 inept부적당한, disheveled흐트러진, incorrigible구제불능인, ruthless무자비한, unkempt난잡스러운 등 부정적인 단어들은 수도 없이 많아도 그런 단어의 긍정적인 형태는 아예 없다. 우리가 어떤 말쑥한 사람을 가리키며 존경스럽다는 듯 She's so sheveled라고 말하거나 어떤 유능한 사람을 가리키며 ept하다거나, 정력적인 사람을 가리키며 상당히 ert하다고 말할 수만 있다면 영어는 더욱 풍부해질 것이다.

뜻이 긍정적인 단어로부터 만들어진 것으로 추정되는 부정적인 의미의 영어 단어가 많은데, 원래 단어는 쓰이지 않게 됐다는 얘기다. 이 인용문은 책《빌 브라이슨의 유쾌한 영어수다》에 나온다. 우리말도 다르지 않다. '없다'가 붙은 반의어가 더 인기를 끌면서 없어지거나 거의 쓰이지 않게 된 원래 낱말들이 많다. '어처구니없다'와 '어이없다'는 자주 입에 오르지만, '어처구니 있는 상황'이나 '어이가 있는 얘기'는 들리지 않는다. 어처구니는 맷돌 손잡이인데, 맷돌이 밀려나면서 잡힐 일이 없어진 어처구니도 잊히게 됐다.

'터무니없다'는 쓰이지만, 당신이 누군가의 말을 듣고 "터무니 있네"라고 말한다면 상대방은 당신을 터무니없는 축으로 칠 것이다. '덧없다' '부질없다' '느닷없다' '뜬금없다' '자발없다' '스스럼없다'도 그런 단어다. '자발없다'는 행동이 가볍고 참을성이 없다는 뜻이다. 여기서 '자발'이 무엇인지는 전해지지 않았다. 비슷하게 '부질' '뜬금' '스스럼'의 뚜렷한 의미와 용례도 남지 않았다. '없다' 대신 '않다'나 '못하다'가 붙기도 한다. 그래서 '칠칠하다'가 '칠칠않다(칠칠하지 않다)'나 '칠칠치 못하다(칠칠하지 못하다)'가 됐다.

'주책없다'의 '주책'은 '없다'를 떼어내고 단독으로 다니지는 못하지만, 아직 사전에 있다. 일정하게 자리 잡은 주장이나 판단력을 뜻한다. 그런데 주책은 '맞다'와 만나 '주책맞다'가 되면서 '주책없다'는 뜻으로 떨어졌다. '맞다'라는 접미사가 붙은 형용사는 원말의 특성이 있다는 뜻이 된다. '청승맞다, 궁상맞다, 극성맞다, 능글맞다, 능청맞다, 밉살맞다, 쌀쌀맞다' 등이 '맞다'가 붙은 단어다. 이들 단어는 대부분 '맞다' 대신 '스럽다'를 붙여도 말이 된다. 따라서 '주책맞다'는 '주장이나 판단력이 있다'는 뜻이어야 한다. 그러나 '맞다'를 만나면서 뜻이 뒤집힌 것이다. 아마 '맞다'가 붙은 단어의 상당수가 다소 부정적인 뜻이어서 그렇게 된 듯하다.

단어는 얼마든지 되살릴 수 있다. 몇몇 단어는 원말을 되살릴 여지가 충분하다. '칠칠하다'는 '주접이 들지 아니하고 깨끗하고 단정하다' 또는 '성질이나 일 처리가 반듯하고 야무지다'는 뜻이다. '그만큼 칠칠한 부인은 그 아파트단지를 통틀어 봐도 드물었다'는 식으로 쓸 수 있다. '터무니'는 '터를 잡은 자취' '정당한 근거나 이유'를 가리키는 말이다.《표준국어대사전》의 예문을 살펴보자.

- 말을 지어내도 터무니가 있어야지. 아무리 노는 년이라고 얕잡아 본들 그렇게 음해를 한단 말이에요.
- 이러구러 하는 동안에 일본의 터무니없는 주장이 터무니를 갖추게 될 것을 우려하는 것이다.

'없다' 때문에 없어진 괜찮은 원말을 다시 쓰는 일, 이는 터무니가 있는 일이라고 나는 생각한다.

한·중·영 작명 센스

#1 한화생명은 사회연대은행과 함께 청년들의 자립을 지원하는 '청년 비상금(飛上金)' 사업을 진행한다.

#2 Sh수협은행은 수산·어업인 금융지원을 위한 신상품 '나눔으로 함께 해(海) 외화예금'을 30일 출시했다.

첫째 사례는 단어의 한자를 바꿔 의도하는 바를 표현했다. '비상금'은 워낙은 '非常金'으로 쓰고 '뜻밖의 긴급한 사태에 쓰려고 마련해둔 돈'을 일컫는다. 이 '非常'을 다른 '飛上'으로 바꾸어 날아오른다는 뜻을 담았다. 수협은행은 예금 신상품 이름에 들어 있는 '함께 해'의 '해'에 '海'를 나란히 씀으로써 자행의 고유 영역을 표현했다.

다음 작명은 어떤가. '비대면'은 금융업계가 새로 공을 들이는 업무 채널이다. 고객이 창구에 들러 직원과 '대면(對面)'하지 않고 온라인이나 모바일로 계좌를 개설하도록 하는 방식을 가리키는 데 쓰는 신조어다.

KB증권은 전국의 면 맛집에서 진행되는 이색 투자 설명회인 '비대면 투자미식회'를 개최했다. 비대면 투자미식회는 KB증권이 추진하는 비대면 금융서비스 활성화를 위한 캠페인의 일환으로….

'비대면'의 '면(面)'을 밀가루 음식 '면(麵)'으로 바꿨다. 아울러 '미식회'를 추가해 식도락을 겸해 좋은 것을 나누는 자리라는 취지를 표현했다. 다만 '비대면(麵)' 가운데 '비대'가 따로 노는 문제는 남는다.

영어를 활용한 신조어로 이름을 붙이는 사례도 많다. NH농협은행이 운영하는 대학생봉사단의 이름은 'N돌핀'이다. BNK부산은행은 한국주택금융공사와 '아낌-e 보금자리론 도입 업무협약'을 체결했다. 하나카드는 자사 카드를 꾸준히 이용하는 고객들에게 더 큰 혜택을 주는 '하나 더(THE) 서비스'를 내놓았다.

'N돌핀'은 대학생 봉사단이 농협은행과 함께 지역사회 곳곳에 행복을 실어 나르는 '엔도르핀' 같은 역할을 한다는 취지에서 지어진 이름이다. 모바일·인터넷 전용 비대면 주택구입자금 대출이라는 점을 드러내기 위해 '아낌이 보금자리론' 대신 '아낌-e 보금자리론'이라고 이름을 지었다. '하나 더 서비스'라고 적는 대신 '하나 더 (THE) 서비스'라고 쓰면 무엇이 '더' 좋을지 궁금해진다.

기존 영단어에 다른 의미를 부여하기도 한다. KB금융그룹은 대학 연합 정보기술(IT) 창업 동아리인 SOPT와 함께 운영하는 디지털 개선 프로젝트팀의 이름을 'KB DNA'라고 지었다. 여기서 DNA는 'Digital Native Alliance'를 의미한다. DGB금융그룹은 그룹 디지털문화를 선도하고 DGB디지털금융 발전에 앞장설 '디지털 패셔니스타'를 구성했다. 디지털 패셔니스타는 내·외부 아이디어를 융합한 DGB금융그룹의 새로운 비즈니스 모델 발굴을 위해 조직된 모임이다. '패셔니스타'는 패션에 앞서가는 사람을 가리키는 낱말이다.

우리말을 영어와 한자로 표현하는 시도도 보인다. 일례로 농협은행은 2018년에 '농심 업고(Up-go), 고객 안고(安-go)' 운동을 중점 추진했다. 농협은행은 이에 대해 "과거엔 수익센터 역할이 농협은행의 목적이었다면, 이제는 농심이 목적이며, 수익센터는 목적 달성을 위한 수단"이라고 설명했다.

영어 단어 '아이러니(irony)'를 우리말로 풀어낸 뒤 회사명에 있는 '키움'을 활용한 키움증권의 다음 광고를 찬찬히 살펴보자.

내레이션 몰라서, 어려워서, 바빠서.

A 그래서 주식 안 해요.

B	그래서 키움 해요.
내레이션	주식 안 하는 이유와 키움 하는 이유가 같은 아이러니.
A	어? 쉽네! 아, 이러니!
B	너도 나도 키움, 키움, 키움 하는 거지.
내레이션	대한민국 주식은 키움 중.

우리말과 한자, 영어의 드나듦이 지금처럼 활발히 이뤄진 적이 없다. 활발한 교류로 만들어지는 조합이 앞으로 얼마나 다채롭게 나타날지 궁금하다.

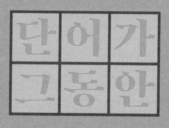

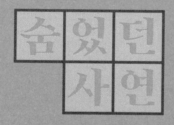

: 낱말의 재발견

당신의 결을 살릴 수 없다면

"당신의 결을 잘 살려봐." 이는 사회생활 초기에 내가 들은 조언 중 기억에 남는 말이다. 사람마다 타고난 결이 있다. 자신의 영역에서 전문적으로 일하기를 좋아하는 사람이 있는가 하면, 어울려서 함께 일하기를 좋아하는 사람이 있다. 또한 깊게 생각하고 궁리한 끝에 판단하는 이성적인 사람이 있는가 하면 짧은 시간 내에 더 감정적이고 즉흥적으로 결정하는 사람도 있다. 또 새로운 시도와 접근을 즐기는 사람이 있는가 하면 기존 방식을 익히고 순조롭게 운영하는 일에 최선을 다하는 사람도 있다.

개인이 자신의 결을 살리면서 조직이나 사회에 기여하는 것, 또는 조직이나 사회가 구성원으로 하여금 자신의 결에 맞는 일을 하도록 하는 것이 개인과 사회 모두에게 이로운 길이다.

현실은 어떤가. 한국 조직은 구성원의 결을 살리기보다는 '회장' 같은 최고 의사결정권자의 결(성향)에 맞춰서 가는 경향이 강하다. 회장의 결을 거스르는 행동은 '역린을 건드린 짓'으로 비유된다. 역린은 용의 턱 아래 거꾸로 난 비늘이라고 한다. 누가 이 비늘을 건드리면 용이 크게 노해 그 사람을 죽인다고 한다.

'결'은 '나무, 돌, 살갗 따위에서 조직의 굳고 무른 부분이 모여 일정하게 켜를 지으면서 짜인 바탕의 상태나 무늬'를 가리킨다고 풀이된다. '그 여인은 머릿결, 살결, 마음결이 비단결 같았다'는 식으로 쓰인다. 이 풀이에 담기지 않은 '결'의 특징은 종종 방향과 흐름이 있다는 것이다. 이는 '바람결' '구름결' '물결' 등에서 나타난다. 또 가장 최근에 만들어진 단어인 '순결'과 '역결'에서도 보인다. '순결'은 골프장 그린의 잔디가 공이 구르는 방향으로 누워 있는 상태를 뜻한다. '역결'은 그 반대 상태이고.

다른 '결'은 '겨를'의 준말이다. '때' '사이' '짬'의 뜻을 나타낸다. 이 결이 붙은 말에는 얼떨결, 엉겁결, 잠결, 꿈결, 무심결, 아침결, 저녁결 등이 있다. '자기도 모르는 결에 웃음이 터졌다' '그는 무심결에 노래를 흥얼거렸다'처럼 쓰인다.

자신의 '결'을 살릴 '결'이 없이 지내는 직장인이 많다. 그렇게 지내다 보면 어느 순간 조직은 나를 챙겨주지 않는다는 사실에 직면하게 된다. 당신은 당신의 결을 살리는 커리어 패스를 걷고 있나? 회사에서 당신의 결을 살려주지 않는다면 당신 스스로 살려야 한

다. 지금 하는 일이 당신의 결과 맞지 않는다면, 일을 바꿀 생각은
있나?

귀얄의 말맛

……그러나 요강, 망건, 장죽, 종묘상(種苗商), 장전, 구리개, 약방, 신전, 피혁점, 곰보, 애꾸, 애 못 낳는 여자, 무식쟁이, 이 모든 무수한 반동(反動)이 좋다.

시인 김수영은 산문 〈가장 아름다운 우리말 열 개〉에서 자신의 시 〈거대한 뿌리〉의 일부를 위와 같이 인용한다. 김수영은 이런 낱말이 '사회학적으로 사멸되어가는 말'이라면서 "이 밖에도 수많은 말들이 죽어갔고 수많은 말들이 죽어가고 있다"고 말한다. 그는 자신이 아름답다고 생각하는 말들은 아무래도 "내가 어렸을 때에 들은 말들"이라며 다음과 같이 꼽는다.

우리 아버지가 상인이라 나는 어려서부터 서울의 아래대의 장사꾼의 말들을 자연히 많이 배웠다. 마수걸이, 에누리, 색주가, 은근짜, 군것질, 총채 같은 낱말 속에는 하나하나 어린 시절의 역사가 스며 있고 신화가 담겨 있다. 또한 글방, 서산대, 벼룻돌, 부싯돌 등도 그렇다.

김수영의 산문이 던진 물음이 내 마음속에 잠겨 있었나 보다. 몇 년 전 내 '아름다운 우리말 열 개' 리스트에 넣을 단어로 '귀얄'이 떠올랐다. 나도 모르게, 불현듯, 갑자기, 불쑥 올라와 입속에서 맴돌았다. 그때 누군가 내게 "무슨 생각 해?"라고 물었다면 나는 "귀얄!"이라고 대답했을지도 모른다.

귀얄은 풀을 바르거나 옻을 칠할 때 쓰는 솔로 돼지털이나 말총을 넓게 묶어 만들었다. 풀비라고도 불린다. 풀을 바르는 빗자루라는 말이다. 귀얄은 우리말에서 희귀한 어종(語種)에 속한다. '얄'로 끝나는 우리말은 귀얄 외에 미얄과 비얄뿐이다. 미얄은 봉산탈춤 일곱째 마당에 등장하는 인물로, 영감의 구박을 받아 죽는 아내를 가리킨다. 비얄은 '비탈'의 경기도 사투리다.

김수영은 자신이 아름답다고 여기는 향수 어린 말들이 지닌 개인적인 성향을 직시했다. 그는 "그런 것을 아무리 많이 열거해 보았대야 개인적인 취미나 감상밖에는 되지 않고, 보편적인 언어미가 아닌 회고미학에 떨어지고 마는 것이 고작"이라고 말한다. 그는 "아름다운 우리말의 낱말은 진정한 시의 테두리 속에 살아 있는 낱말들"이라고 주장한다.

　귀얄이 '내 아름다운 우리말'로 쏙 들어온 건, 풀을 쑤어 벽지나 장판지를 바르던 시절이 그리워서였으리라. 그렇지만 내가 '풀비'가 아니라 '귀얄'을 아름다운 우리말 목록에 넣겠다고 생각한 것을 보면, 나는 추억 못지않게 귀얄이라는 단어의 말맛을 좋아한다고 볼 수 있다. 한 가지 사물에 가장 잘 어울리는 소리가 하나씩 대응한다면, 끈끈하고 미끈한 풀을 종이에 바르는 도구를 가리키는 낱말로는 귀얄이 제격이지 싶다.

　아름다움은 주관적이고 상대적이다. 어떤 낱말을 구사한다고 해도 그 단어를 넣어 지은 문장과 글에, 그 글에 담은 정서나 주장에 호소력이 없다면 그 낱말은 아름다울 수 없다. 단어로부터 출발해서, 문장과 글과 생각을 새삼 돌아보게 된다.

도사리처럼 떠난 사람

　도사리는 익는 도중에 바람이나 병 때문에 떨어진 열매를 가리키는 우리말이다. 한자말로는 낙과(落果)라고 한다. 감또개는 꽃과 함께 떨어진 어린 감을 가리킨다. 똘기는 채 익지 않은 과일이다.

　도사리, 감또개, 똘기 같은 낱말을 우리말의 도사리 같은 존재로 여긴 사람이 있다. 그는 "이른 새벽 과수원에 나가 도사리를 줍는 심정"으로 우리 낱말을 모아 2001년 책《재미나는 우리말 도사리》를 썼다. 출판사는 이 책이 "잊혀가거나 잘 몰랐던 아름다운 토박이말의 올바른 쓰임새를 알기 쉽고 재미있게 적어 내려갔다"고 소개했다. 저자는 "이 도사리들이 누군가에게는 반짝이는 보석이 될 수 있지 않을까"라며 "도사리, 감또개, 똘기… 이런 작고 예쁜 것들의 이름을 누가 불러 주었으면 좋겠다"라고 말했다. 이어 "이 책을 내면서 도사리를 한 광주리 모아 팔겠다고 시장 귀퉁이에 나앉아 있는 촌부(村婦)의 심정이 된다"고 들려줬다. 출판사는 '도사리 우리말'로 조금도 빈틈없이 야무진 사람을 가리키는 모도리, 소주를 대포로 파는 집을 가리키는 다모토리, 신랑 신부가 맞는 첫날밤의 잠을 의미하는 꽃잠 등을 들었다.

이 책의 저자 장승욱은 1961년 전남 강진에서 태어나 우신고등학교와 연세대 국문학과를 마쳤다. 장승욱은 "고등학교 때는 수업 시간만 되면 잠자는 것으로 유명했으나 대학교 때는 아무것으로도 유명해질 기회를 못 얻었다"는 한 문장으로 자신의 학창 시절을 표현했다. 그러나 그는 대학 시절 일생일대의 일을 시작했는데, 그것이 바로 토박이말 낱말을 모으는 것이었다. 그는 토박이말로만 된 시와 소설을 쓰고 싶다는 생각에 도서관에 있는 사전을 뒤지며 도사리들을 주워 들였다.

1998년 토박이말 사전인 《한겨레 말모이》로 시작해 우리말에 관한 책을 꾸준히 썼다. 《토박이말 일곱마당》, 《국어사전을 베고 잠들다》, 《경마장에 없는 말들》, 《사랑한다 우리말》, 《우리말은 재미있다》가 있다. 이 밖에 《중국산 우울가방》, 《술통》도 썼다. 《술통》은 요절복통 웃음을 쉴 틈 없이 터트리게 하면서 아련함을 안겨주는 음주의 기록이다.

그의 우리말 관련 저술을 아는 사람들은 다 높이 평가했다. 그는 한글문화연대에서 주는 우리말글작가상과 한국어문교열기자협회

가 주는 한국어문상(출판 부문)을 받았다. 그는 이세의 이름도 우리
말로 지었다. 첫째의 이름은 해미르이고, 둘째는 해나라이다.

장승욱은 대학 재학 중인 1986년 가을 조선일보 입사 시험에 합
격해 1991년 5월까지 근무했다. 교열부에서 시작해 퇴사할 때엔
편집부에서 일했다. 퇴사와 동시에 경력기자 공채로 SBS에 입사했
다. 1998년 그만둘 때까지 보도제작부 기자로 근무하면서 다큐멘
터리, 고발·추적 프로그램, 시사 토크 프로그램, 대통령 후보 초청
토론회, 3·1절이나 6·25 특집 등을 만들었다. 이후 프리랜서 PD 겸
작가로 활동하면서 KBS의 〈한민족리포트〉를 여러 편 연출·집필했
다. 또 출판사 대표, 여행 가이드, 5급 공무원 등으로도 일했다. 틈
틈이 소설과 시도 썼다. 이런 그의 이력과 경력은 한 인터넷 서점에
오른 저자 소개를 인용해 작성했다. 그의 이세의 이름은 부고 기사
에서 알게 됐다.

장승욱은 자신이 사랑한 우리말을 떠올리게 한다. 그는 도사리
처럼, 감또개처럼, 똘기처럼 아까운 시기에 떨어졌다. 2012년, 한창
때인 51세에 숨졌다.

돌땅을 뚝딱

돌이

돌을 내리찍는

돌땅 한 방에 어질어질한 것이

정신이 하나도 없네

사는 게 그렇지

뭐 좋던 가시 기세 다 꺾이고

헬렐레

_최계선, 〈꺽지〉

이 시는 시집 《동물시편》에 실렸다. 시인은 '돌땅'을 '돌이 돌을 내리찍는'이라고 설명한다. 돌땅은 최계선 시인이 만든 시어가 아니다. 사투리도 아니다. 사전에 오른 낱말이다. 사전은 돌땅을 '돌이나 망치 따위로 고기가 숨어 있을 만한 물속의 큰 돌을 세게 쳐서 그 충격으로 고기를 잡는 일'이라고 설명한다.

'뭐 좋던 가시 기세 다 꺾이고' 대목을 이해하려면 꺽지의 생김새를 알아야 한다. 꺽지의 아가미뚜껑 위에는 뭉툭한 가시가 두 개 있다. 꺽지는 몸길이가 20센티미터 정도이고 주둥이가 크고 아래턱이 위턱보다 약간 길다. 식욕이 왕성한 육식어이다. 우리나라 특산종으로 맑은 계류의 바위틈이나 자갈 틈에 산다. 꺽지는 시인도 표현한 것처럼 '뭐 좋던 가시 기세'를 지녔다고 여겨진다. 여기에서 '꺽지다'라는 형용사가 갈라져 나왔다. '꺽지다'는 '성격이 억세고 꿋꿋하며 용감하다'는 뜻이다.

나는 이 시와 '돌땅'이라는 단어를 권오길 강원대 명예교수의 수필에서 처음 만났다. 권 교수는 〈에세이문학〉 2018년 여름호에 게재된 〈동사리와의 인연〉에서 "이를 우리 마을에서는 '메방 준다'고 하는데 그건 사투리"라고 들려준다. 그는 경남 산청에서 나고 자랐다. 그는 어린 시절 "한여름이 왔다면 물고기 잡느라 동네 앞을 굽이쳐 흐르는, 지리산에서 발원하여 낙동강으로 흘러드는 덕천강 강바닥에서 내내 살다시피 했다"고 말한다.

권오길 교수는 이 에세이에서 돌땅 외에 민물고기를 잡는 갖가지 방법을 망라해 서술한다. 낚시, 창으로 찌르기, 손으로 돌 밑을 만져서 잡는 손더듬이, 그물 던지기, 족대 쪽으로 몰기, 보쌈 등을 열거한다. 족대는 양쪽 끝에 가늘고 긴 막대로 손잡이를 만든 그물로, 반두라고도 불린다. 보쌈은 양푼이만 한 그릇에 먹이를 넣고 물고기가 들어갈 정도의 구멍을 뚫은 보로 싸서 물속에 가라앉혔다가 나중에 그 구멍으로 들어간 물고기를 잡는 방법이다. 권 교수는 "실개울에서는 봇도랑을 막아 물길을 돌려버려 숨이 차 못 견디고 튀어나오는 물고기를 주워 담았고, 독풀인 여뀌(마디풀과의 한해살이풀)의 잎줄기를 콩콩 찧거나 짓이겨 돌 밑에 풀어서 물고기를 건졌다"고 추억을 반추했다.

이외수의 《벽오금학도》도 돌땅을 추억한다. 전쟁 직후 유년기 아이들이 먹을거리를 챙기는 이야기를 하면서다. 이 소설은 "마을 앞을 도도히 흐르고 있는 강으로 나가면 얕은 데서도 여러 종류의 물고기들을 잡을 수가 있었다"며 "어느 돌 밑에 고기가 있으리라는 건 돌의 모양새만 보면 대번에 알 수가 있었다"고 말한다. 이어 "몇 번 돌땅을 놓은 다음 뒤집어 보면 십중팔구는 꺽지나 탱가리 따위가 배를 까뒤집고 기절해 있었다"고 들려준다.

나는 우리말 낱말에 누구보다 관심을 기울였다고 자부해왔는데, 돌땅을 이제야 접하다니! 한 포털 사이트를 통해 이 단어로 기사를 검색해봤다. 기사는 여러 건 걸렸지만, 모두 〈아빠! 어디가?〉라는 한 TV프로그램을 전하는 내용이었다. '돌땅'은 전에는 흔히 쓰였지만 그 행위가 대중 사이에서 잊히면서 거의 퇴장된 게 아닐까? 1920년부터 1999년까지를 기간으로 잡아 다시 검색해봤다. 해당

되는 기사는 한 꼭지뿐이었다. 〈경향신문〉 1976년 8월 16일 자에 실린 외부 기고였다. '생각하는 갈대'라는 고정란에 '산촌의 민속문화'라는 제목으로 게재됐다.

이 글은 "여울에서 물고기를 잡는 방식도 '뛰발', '통살', '돌땅치기', '섶대기', '족대', '포망', '보쌈', '역구', '살쿠', '게뚜지', '동서기' 등 아주 다양한데 이러한 기술 방식들은 모두 계절과 물살, 어류의 생태 및 환경을 잘 이용한 산촌 주민들의 오랜 경험과 지혜의 산물인 것이다"라고 서술했다. 이어 "이런 면에서 그들은 산촌의 미시적 생태학자인 것이다"라고 의미를 부여했다.

오랜 세월 동안 낱말 '돌땅'은 멀리 떨어진 징검다리를 건너듯 오늘에 이르렀다. 돌땅이 물에 빠져서 가라앉지 않아 얼마나 다행인가. 돌땅처럼 '딱'인 낱말을 뚝딱 만드는 솜씨는 얼마나 빼어난가.

오늬무늬의 리듬

커피를 마신 김 씨는 드레스룸으로 갔다. 겨울, 그의 손이 항상 먼저 가는 것은 헤링본 재킷이다. 헤링본은 '청어의 뼈'(herringbone)라는 뜻의 직물 디자인이다. 지그재그와 다름이 아니다. 지그재그 패턴은 생선뼈의 패턴과 닮아 있다. 그래서 자연적인 느낌이 나는 것이다. (중략)

한동안 가정의 나무 마루나 상업 건물의 바닥 타일 장식은 일직선이었다. 이것이 최근에 헤링본 패턴으로 변하고 있다. 밋밋한 느낌에서 율동감과 리듬감이 느껴지도록 한 것이다. 리빙업체 하농 관계자는 "일부 호텔 등 고급 시설에만 쓰던 헤링본 바닥 패턴을 최근 일반 가정집에서도 많이 선호하고 있다"고 말했다.

이 두 문단은 〈한겨레신문〉 2018년 1월 11일 자 기사 '지그재그로 살아볼까!···행복 되찾는 법'에서 옮겨왔다. 기사에서 '청어의 뼈'라고 풀이된 '헤링본 패턴'은 우리말로 '오늬무늬'를 가리킨다. 이 기사뿐 아니라 많은 기사가 헤링본이라고 쓰고 '청어의 뼈'나 '청어의 등뼈'라고 설명한다. 헤링본 대신 오늬라고 표현한 기사는 적다. 오늬라는 낱말에 익숙하지 않은 업계 종사자와 기자들은 이 무늬도 서구에서 수입됐으려니 여기고 우리말을 찾아보지 않은 채 영어 단어를 가져다들 쓰는 듯하다.

어느 날 내가 한 포털에서 검색해보니 '헤링본'과 '청어'가 들어 있고 '오늬'는 없는 기사는 242건이었다. '헤링본'과 '오늬'가 들어간 기사는 21건에 불과했다. 헤링본 패턴을 설명하면서 우리말로는 오늬무늬라고 한다고 덧붙인 기자가 소수였다는 얘기다. 헤링본이라는 단어를 넣지 않고 오늬와 무늬를 쓴 기사는 7건뿐이었다.

오늬는 화살을 활시위에 끼도록 에어낸 부분을 가리킨다. 화살의 한쪽 끝은 촉이고, 다른 쪽 끝은 머리라고 부른다. 오늬는 화살 머리의 한 부분인 것이다. 한편 화살 머리를 활시위에 '낀다'고 하는 대신 '물린다'거나 '메긴다'고도 한다. 예를 들어 작가 박종화는 역사소설《임진왜란》에 "김여물은 말 위에서 활시위를 메겨 쫓아들어오는 왜병 한 놈을 또다시 맞혀 버린다"고 썼다.

오늬는 몽골어에서 온 말이라고 책《최기호 교수와 어원을 찾아 떠나는 세계 문화여행》은 전한다. 우리말에는 몽골에서 온 말도 많고, 활과 활사냥에서 유래한 낱말도 많다. 오늬 외에 송골매, 시치미 같은 단어가 몽골 출신이다.

　우리와 비교해 영어 문화권에는 청어라는 단어가 더 널리 채택됐다. 바다 어업이 우리보다 발달해 청어가 식탁에 자주 오른 결과이겠지 싶다. 일례로 영어에는 헤링본 외에 '레드 헤링(red herring)'이라는 관용구가 있다. 이 말은 사람의 관심을 중요한 무언가로부터 딴 데로 돌리게 하는 것을 가리킨다.

　오늬무늬는 직선이나 사각 무늬에 비해 다채롭다. 직물과 마룻바닥 외에 외벽에도 채택된다. 벽돌이 오늬무늬로 깔린 인도도 있다. 오늬무늬 길을 걷노라면 발걸음이 리듬을 타는 기분이 든다.

우듬지 사이로 검푸른 하늘

청소년기에 내가 읽은 책에 아들이 푹 빠져든다. 그 책을 나도 다시 뒤적이면서 등장인물을 화제 삼아 아들과 대화를 나눈다. 그런 시간을 꿈꿨다. 실천이 의욕에 미치지 못해 아쉽다. 아들과 함께 다시 읽은 책 중 하나가 헤르만 헤세의 《수레바퀴 밑에서》다. 새로웠다. 과연 내가 읽긴 읽었나 싶을 정도였다. 기억이 세월에 씻겨나간 탓이다. 내용을 기억한다고 하더라도 세월이 흐른 뒤의 독서는 이전 독서와 달라질 수밖에 없다. 짧지 않은 세월 동안 쌓인 경험의 토대 위에서, 또 이전과 달라진 시각과 안목에서 읽어서 그렇다.

《수레바퀴 밑에서》는 헤르만 헤세의 자전적인 소설이다. 이 소설을 다시 읽으면서 나는 청소년기 헤르만 헤세의 모습을 떠올리게 됐다. 그는 아마 대개 고개를 들고 하늘을 향한 나무의 끝을 바라보면서 걸었으리라. 소설에 '우듬지'라는 단어가 여러 차례 등장하는 것을 보고 이런 상상을 하게 됐다. 우듬지는 나무의 꼭대기 줄기를 가리킨다. 몇 문장을 옮기면 다음과 같다.

- 검은빛이 짙게 감도는 잣나무의 우듬지 사이로 구름 한 점 없이 검푸른 하늘이 모습을 드러냈다.
- 나무들은 이제 완전히 옷을 벗어던졌다. 단지 우거진 수풀의 제왕으로 불리는, 마디가 굵고 힘센 떡갈나무만이 시들어가는 우듬지를 흔들어대며 다른 나무들보다 더 요란하게 불평 섞인 소리를 늘어놓을 뿐이었다.
- 머리카락처럼 가느다란 잣나무의 우듬지가 솟아 있는 검푸른 산세는 촉촉하게 스며드는 초록빛의 맑은 저녁 하늘을 갈라놓았다.

나는 나무에 제법 관심이 많았지만, 우듬지라는 단어는 생소했다. 얼마 전《당신의 우리말 실력은?》의 책장을 다시 넘기다가 나무와 관련한 우리말 여럿을 마주쳤다. 이 책은 20여 년 전 언론사 시험을 준비하며 공부했다.

보굿은 굵은 나무줄기에 비늘 모양으로 덮인 겉껍데기이다. 소나무의 속껍질은 송기(松肌)라고 한다. 대나무를 노래한 시조 중에 '나무도 아닌 것이, 풀도 아닌 것이'라고 시작하는 작품이 있다. 실제로 대나무는 식물학에서 나무는 아닌데 그렇다고 풀도 아닌 종으로 분류된다. 대나무를 가르면 속에 붙은 얇은 흰 껍질이 있다.

그건 속청이라고 부른다. 대나무 속껍질은 대청, 갈대 속껍질은 갈청이라고 한다.

구새는 나무의 속이 썩어서 생긴 구멍이다. 구새는 '먹다' 동사와 짝을 이뤄 쓰인다. 예컨대 "봄이 되니 구새 먹은 고목에도 새잎이 돋아났다"고 말한다. 둥치는 큰 나무의 밑동이다. 그루터기는 나무나 풀의 아랫동아리이니, 둥치와 비슷한 단어다. 그루터기는 또 나무나 풀을 베고 남은 아랫동아리를 뜻하기도 한다. 그래서 밑바탕이나 기초를 그루터기라고 비유한다.

삭정이는 살아 있는 나무에 붙어 있는 말라 죽은 가지다. 옹이는 나무의 몸에 박힌 가지의 밑부분이다. 졸가리는 잎이 다 떨어진 나뭇가지다. 사물에서 군더더기를 다 떼어버린 골자라는 뜻으로도 쓰인다.

나무초리는 나뭇가지의 가느다란 부분이다. 초리는 어떤 물체의 가늘고 뾰족한 끝부분이다. 눈초리는 눈꼬리고 회초리는 회초리다. 위초리는 우듬지랑 비슷한 말이다. 위초리는 또 물건의 위쪽에 있는 뾰족한 끝을 지칭하기도 한다. 꼬리초리는 꼬리의 끝이다. 뒤통수나 앞이마의 한가운데에 골을 따라 아래로 뾰족하게 내민 머리털은 제비초리라고 한다.

보굿 같은 세월 할머니 손등에

운동장 서편에는 노송 한 그루가 푸른 잎과 검붉은 보굿(껍질)을 자랑하며 개교 68년이 지난 지금도 모교를 지키고 있다.

_2018년 5월 28일 〈브라보마이라이프〉,
'송풍라월(松風蘿月)-소나무의 풍류' 중에서

보굿은 '굵은 나무줄기에 비늘 모양으로 덮여 있는 겉껍질'을 부르는 말이다. 소나무의 줄기를 덮고 있는 것이 보굿이다. 오랜 세월 노동한 손의 등에는 깊은 주름이 파이고, 그런 손등은 보굿을 떠올리게 한다. 다른 글에서 다음 두 문단을 인용한다.

양파 그물망에 수확한 밤을 담아 길가에 쌓아놓고 팔던 할머니 한 분이 맛

보고 가라며 생밤을 깎아 내민다. 갈 길이 멀어 배낭의 짐을 줄여야 하지만 할머니의 손등에 보굿처럼 새겨진 세월의 주름을 외면할 수 없었다. 1만 원을 주고 2포대를 샀다. 할머니가 가진 삶의 무게가 내 등으로 옮겨왔다. (중략)

내가 물었다. "햇밤이 참 실하고 맛있습니다." 할머니가 답했다. "아흔이 다 됐어. 죽을 때 지났지 뭐…" 내가 다시 물었다. "할머니께서 농사지은 거예요?" 할머니가 대꾸했다. "이거 팔아서 약값 해!" 귀가 먼 할머니와 나는 동문서답으로 통했다. 할머니가 웃고 내가 따라 웃었다.

_2016년 10월 21일 자 〈무등일보〉, '조영석의 지리산둘레길을 가다' 중에서

생물은 모두 성장한다. 생물의 껍질이 몸피의 성장에 대응하는 방식은 다양하다. 껍데기가 딱딱한 갑각류는 탈피를 한다. 더 큰 새 갑옷을 입는다. 조개류는 탄산칼슘이 주성분인 껍데기를 붙여나가는 방식으로 키운다. 시일이 지나면서 조개껍데기에는 줄무늬가 생긴다.

나무가 몸피의 성장에 대응하는 방식도 여러 갈래로 나뉜다. 수피 모양에 영향을 주는 변수 중 하나는 나무의 성장 속도다. 나무가 몸피를 빨리 키울수록 수피가 그에 대응해야 한다. 수피가 세로로 트는 방식을 택하는 나무가 있다. 사람도 성장기에 갑자기 살이 찌면 피부가 튼다. 피부가 허물을 벗듯이 수피가 벗겨지는 나무도 있다. 반면 몸피가 천천히 성장하는 나무는 수피가 깔끔하다. 수피가

트더라도 잔주름이 새겨지는 정도로 곱게 튼다.

　동백나무와 서어나무의 수피가 그렇게 갈라짐이 없고 매끄럽다. 단풍나무, 때죽나무, 물푸레나무의 수피도 고운 편이다. 이들 나무의 수피는 세로로 얇고 길고 조밀하게 갈라지거나 얕게 골이 파인다. 목련, 함박꽃나무, 먼나무, 쉬나무 등의 수피에는 작고 자잘한 껍질눈이 곳곳에 있다. 껍질눈은 피목(皮目)이라고도 불리며 '나무의 줄기나 뿌리에 코르크 조직이 만들어진 후 기공 대신 공기의 통로가 되는 조직'을 가리킨다.

　'나무의 다양한 피부, 그 속성과 아름다움'이라는 부제를 달고 있는 책《수피도감》은 이들 형태를 포함해 수피를 9가지로 구분한다. 몇 가지 더 소개하면, 자작나무와 사스레나무의 수피는 보풀이 일어나 말리거나 벗겨져 떨어진다. 일본잎갈나무와 잣나무는 비늘 형태의 조각(인편)이 갈라져 떨어진다. 감나무와 대추나무 등은 갈라져 터진 자리와 줄기가 그물 형태로 얽힌다. 은행나무와 떡갈나무 등의 수피는 깊게 골이 파인다.

　보굿으로 돌아온다. 보굿은 그물이 가라앉지 않도록 벼리에 듬성듬성 매는 가벼운 물건을 일컫는 낱말이기도 하다. 이 보굿은 흔히 두꺼운 나무껍질로 만든다. 이 '보굿'은 참나무 종류의 '보굿'으로 만들 것이라고 나는 짐작한다. 또 보굿의 목질 부분은 코르크를 포함한다고 생각한다. 이런 짐작의 방증이 '보굿켜'라는 낱말이다. 보굿켜는 비대 생장을 하는 목본 식물의 줄기나 뿌리의 표피 밑에 형성되는 조직을 뜻한다. 보굿켜는 '주피'나 '코르크층'이라고도 불린다. 서양에서도 코르크를 그물의 벼리 같은 곳에 매었다고 한다.

잠깐 퀴즈 하나. 그럼 그물에 매다는 '보굿'의 반대말은 무엇일까? 벼리는 보굿을 매서 뜨게 하는 동시에 그물의 다른 부분은 가라앉도록 돌멩이 따위를 달아야 한다. 그런 돌멩이 따위를 뭐라고 부를까. '그물추'라고 한다.

수피를 두께와 갈라진 크기를 기준으로 보굿, 비늘, 보풀 등으로 구분할 수 있다. 느티나무는 수피가 직소퍼즐처럼 부분 부분 떨어져 나온다. 그런 수피는 무엇이라고 부르면 좋을까? '딱지'는 어떨까? 딱지는 상처가 아물며 생기는 것 외에 거북 따위의 몸을 싸고 있는 단단한 껍데기를 가리킨다. 기사에서 소나무를 찾아보면 수피를 가리켜 대부분 '껍질'이라고 썼다. '소나무'와 '보굿'이 함께 들어간 글은 여섯 꼭지뿐이다. 앞으로 우리 언어의 숲에 '보굿'이 더 많아지기를 기대한다.

고랑이 골짜기 되고
이랑이 고랑 되고
이랑이 고랑 되고,

밭갈이는 두 번 한다. 첫 번째 밭갈이로는 이전에 심었던 작물이나 잡초의 뿌리를 제거해 다시 작물을 재배하기 좋도록 만든다. 두 번째 밭갈이로는 이랑과 고랑을 만든다. 밭을 갈아 판 긴 홈이 고랑이고, 고랑을 판 흙을 쌓은 곳은 이랑이다. 흙을 두둑하게 쌓아 올렸다고 해서 이랑의 다른 이름은 두둑이다.

작물을 고랑에 심어두면 비가 많이 올 때 작물이 오랫동안 물에 잠겨 있고 햇볕을 충분히 받지도 못한다. 고랑과 달리 이랑은 물이 잘 빠지고 바람이 잘 통하며 햇볕을 많이 받는다. 그래서 여름철에 재배하는 콩·팥·기장·수수·옥수수 같은 작물은 이랑에 씨를 뿌린다. 고구마·무·배추·수박·참외 역시 이랑에 파종한다. 이랑에 작물을 심고 재배하는 방법을 농종법이라고 부른다.

모든 작물을 이랑에 심는 건 아니다. 보리나 밀처럼 겨울 추위를 넘겨야 하는 작물은 추위를 막고 습기를 유지하는 고랑에 심는다. 고랑에 파종하는 농법은 견종법이라고 불린다. 이랑과 고랑이 함께 들어간 속담으로 '이랑이 고랑 되고 고랑이 이랑 된다'가 있다. 좋은 처지가 나쁘게 바뀔 수 있고, 그 반대로 될 수도 있다는 뜻이다.

이랑을 이룬 단어에는 '물이랑'이랑 '불이랑'이 있다. 물이랑은 배 따위가 지나는 길에 물결이 양쪽으로 갈라지면서 줄줄이 일어나는 물결을 가리킨다. 불이랑은 불을 나란히 켜거나 붙여서 이룬 띠를 뜻한다. '고랑'이 붙은 말에는 무엇이 있을까? 기왓고랑은 수키와와 수키와 사이의, 바닥에 깔린 암키와가 이어지며 이룬 골을 가리킨다. 비가 내리면 빗물이 기왓고랑을 타고 흘러내린다. 고랑가리비는 큰집가리빗과에 속하는 조개로, 주머니 모양의 껍데기에 굵은 부챗살마루가 4~5줄 있다. 고랑따개비는 따개빗과 갑각류로 껍데기 표면에 세로로 융기가 있다.

고랑과 골, 골짜기는 발음과 뜻이 비슷하다. 충남 지역에서는 골짜기를 가리켜 고랑이라고 말한다. 골이 진 판지를 붙여 만든 두꺼운 종이가 골판지다.

파에는 대파와 쪽파, 골파, 양파 등이 있다. 골파는 그럼 고랑에 심고 재배해서 이름이 골파일까? 파는 뿌리가 습기에 약해 이랑에 심어야 한다. 골파는 고랑에 심어서 골파가 아니라, 뿌리와 닿는 굵은 부분이 머리 모양이라는 점에서 그 이름을 얻은 듯하다.

갑자기 하는 설거지

설거지는 음식을 먹고 난 뒤 음식을 담았던 그릇을 씻는 일을 뜻한다. '뒷설거지'도 설거지와 뜻이 같다. 뒷설거지는 또 큰일의 뒤처리도 뜻한다. '회사의 가장 큰 연례행사는 성공적으로 마쳤지만, 그는 뒷설거지에 또 며칠 정신없이 바빴다'처럼 쓰인다. '잔치설거지'라는 말도 있다. 잔치를 끝내고 남은 음식을 먹어치우는 일을 뜻한다.

'비설거지'는 비가 오려고 하거나 올 때, 비를 맞으면 안 되는 물건을 치우거나 덮는 일을 가리킨다. 혹시 이 낱말은 비가 설거지하려고 하는 물건을 치우는 일이라는 뜻에서 지어진 건 아닐까? 《표준국어대사전》에서 예시한 '비설거지' 활용 문장 중 둘을 재인용한다.

초저녁에는 별이 보이게 맑았는데 밤에 한차례 빗발이 뿌려서 단원들은 잠을 설치며 비설거지를 해야 했지만 다행히 비는 새벽에 그쳤다.(한수산, 《부초》)

다시 푸른 빛줄기가 지나가면서 벼락 치는 소리, 갑자기 하늘은 어둡게 내려앉았다. 이웃들은 하나둘씩 비설거지한다며 달려 나가고….(박경리, 《토지》)

'설거지하다'의 다른 동의어로 '부시다'가 있다. '부시다'는 '솥을 부시다' '그릇을 물로 부시다' '밥 먹은 그릇은 깨끗이 부셔놓아라' 처럼 쓰인다. 그냥 '그릇을 씻다'라고도 한다. 사전의 예문은 다음과 같다.

나는 그릇 씻는 것을 도왔다. 그녀 옆에 서서 그녀가 씻어 놓은 그릇을 행주로 닦아 조리대 위에 쌓으며 물었다.

'씻다'와 '부시다'를 합쳐서 만든 '씻부시다'도 쓰인다. 예컨대 '언니는 밥그릇을 씻부셔 엎어 놓았다'고 한다. '닦다'는 설거지 중에 가장 힘이 들어간 동작을 가리킨다. '탄 냄비와 주전자를 닦다'에서 처럼 달라붙은 것을 문질러 없애야 하기 때문이다.

한편 '씻다'는 피동사와 사동사가 모두 '씻기다'이다. '정치에 대한 국민들의 불신이 씻기지 않았다'고 할 때는 피동사로 쓰였고 '어머니는 아이를 욕조에 앉히고 정성스레 씻기고 있었다'고 하는 경우엔 사동사로 활용됐다. 사동사 '씻기다'는 간혹 '씻기우다'로 쓰인다. 시인 유치환의 〈울릉도〉가 영향을 미친 결과로도 보인다.

동쪽 먼 심해선 밖의
한 점 섬 울릉도로 갈거나.

금수로 굽이쳐 내리던
장백의 멧부리 방울 튀어
애달픈 국토의 막내
너의 호젓한 모습이 되었으리니,

창망한 물굽이에
금시에 지워질 듯 근심스레 떠 있기에
동해 쪽빛 바람에
항시 사념의 머리 곱게 씻기우고,

_유치환, 〈울릉도〉 일부

'씻기우다'는 맞춤법에 어긋난 표현이다. 내 느낌에 '씻기우다'는 힘을 많이 준 낱말이어서 조금 부자연스럽다.

다시 '비설거지'로 돌아온다. 아파트에서는 비설거지를 할 일이 거의 없다. 그렇지만 이 글을 읽은 당신은 언젠가 캠핑하거나 야외에서 지낼 때면, 그런데 갑자기 비가 내리기 시작하면 '비설거지'라는 낱말이 떠오를지 모른다.

가위의 중요한 부위

눈에서 멀어지면 마음에서도 멀어진다고 한다. 영어로는 'Out of sight, out of mind'라고 한다. 이 속담은 언어 영역에서도 통한다. 눈에서 멀어지면 말에서도 멀어진다. 우리네 일상에서 멀어지면 입에 올릴 일도 적어진다는 뜻이다. 영어로는 'Out of sight, out of mouth' 정도 되겠다.

농경사회에서 산업사회로 넘어오고 도시화가 진행되면서 농경의 사물과 행위가 일상에서 대거 퇴장됐다. 동시에 해당 단어도 사람들의 입에 오르지 않게 됐다. 그중에 '팡개'라는 기구도 있다. 팡개는 농사에 직접 쓰이는 도구는 아니다. 대나무로 만들고 논밭의 새를 쫓는 데 쓴다. 대나무 한쪽 끝을 네 갈래로 갈라서 작은 막대를 '十' 자로 물려 묶어서 만든다. 팡개는 갈라진 끝을 땅에 꽂아 흙이나 돌멩이를 찍은 다음 그 흙이나 돌멩이를 던지는 방식으로 활용한다. 나도 팡개를 쓰지도 보지도 못했다. 다만 낱말에 대한 관심으로, '팡개치다가 혹시 팡개에서 갈라져 나온 게 아닐까'라고 상상했다.

농경의 사물과 달리 아직도 우리 일상에 가까이 있는 사물이 많다. 여기서는 '가위'를 얘기하려고 한다. 가위는 지금도 이전 시대에 못지않게 쓰인다. 가위는 전에는 옷감을 마르는(자르는) 데 많이 활용됐는데, 이젠 주방과 식탁에서 음식을 자르는 데 더 자주 쓰인다.

가위에는 '사북'이라는 부위가 있다. 사북은 가위다리의 교차된 부분에 박혀 돌쩌귀처럼 쓰이는 부분을 가리킨다. 돌쩌귀는 문짝을 문설주에 다는 데 쓰이는 한 쌍의 쇠붙이로, 하나는 문짝에 박히고 다른 하나는 문설주에 부착된다. 사북은 쥘부채의 아랫머리를 묶는 축 부분도 가리킨다. 사북이 있어야만 가위의 두 날이 지렛대의 원리에 따라 손아귀 힘을 잘리는 물체에 더 강하게 전할 수 있다. 사북이 없으면 쥘부채의 부챗살을 펴지도 오므리지도 못한다. 그래서 사북은 가장 중요한 부분을 비유적으로 이르는 데에도 쓰인다. 한승원의 소설《다산》을 출판사가 소개한 글에서 '사북'은 다음과 같이 활용됐다.

다산의 사상과 철학은, 옷감을 재단하는 가위를 들어 비유한다면, 주자학이라는 한쪽 날 위에 천주학이라는 다른 한쪽 날을 포갠 그 한가운데에 사북으로 박혀 있다.

《표준국어대사전》에 따르면 한승원은 장편소설《해일》에서 '도청장 최봉일과 섬 안에 널려 있는 잡초들 같은 천한 것들 사이에서 자기는 사북 노릇을 하고 있는 것이라고 생각했다'고 적었다. 박완서 단편 〈꿈과 같이〉에는 '고작 화투짝만 한 쇠붙이가 나의 몸뚱이와 체면과 자존심을 엉구어 남의 앞에 펼쳐 보이는 데 없어서는 안 될 나의 사북 노릇을 하고 있었던 것이다'라는 문장이 나온다. 여기서 '고작 화투짝만 한 쇠붙이'는 혁대의 명문대 버클을 가리킨다.

가위는 꿈에서 사람을 누르는 도구라고들 여긴다. '가위 눌린다'고 할 때 '가위'를 사물을 자르는 가위라고 생각하는 사람이 많다는 얘기다. 그러나 여기서 가위는 그 가위가 아니라 '꿈에 나타나는 무서운 것'을 지칭한다. 서양 사람도 꿈을 꾸고, 그들도 가위에 눌린다. 영어에서는 흥미롭게도 '가위'에 해당하는 존재에 성별이 있다. 영어 사용자들은 꿈에 등장하는 남자 악령은 'incubus'라고 부르고 여자 악령은 'succubus'라고 부른다. 그들은 incubus는 잠자다 꿈꾸는 여자를, succubus는 꿈꾸는 남자를 덮친다고 생각한다.

우리는 수천 년 전에도 악몽을 꿨고, 지금도 악몽을 꾼다. 그런데 '가위 눌리다'의 가위에 대한 오해가 근래에 생긴 이유는 무엇인가. 현대인은 너무 바빠져서 자신의 꿈에 대해, 악몽에 대해 서로 얘기를 나눌 겨를이 없어진 탓일까.

살 치 기 살 치 기 살 뽀 뽀

'살치기놀이'가 있다고 한다. 둥그렇게 모여 앉아 시작하는 사람이 '살치기 살치기 살뽀뽀'라고 외치면서 어떤 동작을 하면 옆 사람이 돌아가면서 그 동작을 따라 하다가 틀린 사람이 벌칙을 받는 방식이라고 한다. 참가자들은 입으로는 '살치기'라고 하면서 실제로는 자신과 옆 사람의 무릎을 친다.

살치기놀이는 실뜨기, 땅따먹기, 사방치기 등과 함께 아이들(이 즐겼던) 민속놀이로 소개된다. 아이들이 이 놀이에 어떻게 그 가사를 붙이게 됐는지는 알 수 없다. 요즘처럼 인터넷이나 게임은 물론 TV도 없었던 시절, 아이들은 뜻 모를 노래도 놀이 소재로 삼았다고 짐작된다. 내가 어렸을 적 여자아이들이 '전우여 잘 가라'를 부르며 고무줄놀이를 한 게 또 다른 예가 되겠다.

샅은 다리와 다리 사이를 가리킨다. 씨름에서 다리 사이와 허리에 둘러 묶는 천을 샅바라고 한다. '바'는 '참바' '밧줄'과 같은 말로, 삼이나 칡으로 세 가닥을 지어 굵다랗게 꼰 줄을 가리킨다.

손가락과 손가락 사이는 손샅이고, 발가락과 발가락 사이는 발샅이다. 남을 욕할 때 '발샅에 낀 때'에 빗대는 방법이 있다. 고샅은 시골 마을의 좁은 골목길이나 골목길 사이, 좁은 골짜기의 사이를 뜻한다.

샅을 사타구니라고도 한다. 사전은 사타구니를 '샅을 낮잡아 이르는 말'이라고 풀이한다. 실제로 '구니'는 생활용품인 바구니와 한 자어인 비구니를 제외하면 대개 단어 끝에 붙어 낮추거나 편하게 하는 역할을 하는 듯하다. '구니'로 끝나는 말에는 어처구니, 틈바구니, 악다구니, 볼따구니, 뺨따구니, 철따구니 등이 있다.

'구니' 하면 떠오르는 접미사가 '서니'다. '구니'와 '서니'는 어떤 사이일까? 자매는 아니더라도 사촌쯤은 되지 않을까? 철따구니와 비슷한 말이 철딱서니다. 더 있다. 볼따구니의 제주 방언이 볼탁서니다. 어둑서니는 어두운 밤에 아무것도 없는데, 있는 것처럼 잘못 보이는 것을 뜻한다. '서니'도 '구니'처럼 대상을 낮추고자 할 때 붙인다. '꼴'이 꼴이 아닐 때 '꼬락서니'라고 부른다. 동물과 식물에도 '서니'로 끝나는 종이 있다. 꼭두서니는 여러해살이 덩굴풀이다. 군평서니는 남해 등지에서 사는 몸길이 30센티미터 정도의 물고기.

사전에는 샅치기가 나오지 않는다. 대신 '사치기'가 표제어로 올랐다. "아이들 여럿이 둘러앉아 '사치기 사치기 사뽀뽀' 하면서 우스운 몸짓을 흉내 내는 놀이"라고 설명한다. 아이들 마음엔 티끌이 묻지 않았다. 샅치기 또는 사치기 놀이를 한 아이들 가운데 그 뜻을 아는 아이는 많지 않았으리. 샅치기는 사전 표제어에서는 사치기로 바뀌었다. 그 사치기도 이제 기억 저편으로 사라지지 않을까 싶다.

고설에 있잖아 어디 있기는,

나무는 가을이면 무성했던 잎을 떨구고 맨몸으로 겨울을 난다. 앙상한 가지로 찬바람과 눈을 맞으며 봄을 기다린다. 추위에 약한 나무는 겨울에 지푸라기로 감싸 보온해준다. 동해를 방지할 때는 보온용 재료로 나무줄기를 땅에 닿는 부분부터 위로 감싸준다. 토시처럼 지푸라기로 줄기의 일부만 감싼 것은 보온용이 아니다. 해충이 추위를 피해 겨울을 지내도록 엮은 것이다. 해충이 모여든 지푸라기 집은 봄에 태운다. 지푸라기 집은 병해충을 줄이려는 용도로 만든 것이다.

'해충 방제용 지푸라기 집'에도 이름이 있지 않을까? 찾아보니 '잠복소(潛伏所)'라는 단어를 쓴다고 한다. 잠복소는 드러나지 않게 숨었거나 숨기 위한 곳을 뜻한다. 이 단어를 '해충이 박혀 있는 곳'

에 가져다 쓰다가, '해충이 숨어들도록 만든 곳'에도 활용하게 된 듯하다. 단어가 있긴 하다만, 어울리지 않는 느낌이고 입에 올리는 맛도 개운하지 않다. 다른 이름은 없을까?

'섶'이 떠올랐다. 섶은 여러 갈래로 쓰인다. '섶을 지고 불에 뛰어든다'고 할 때의 섶은 땔나무를 통틀어 이르는 말이다. 저고리나 두루마기 따위의 깃 아래쪽에 달린 길쭉한 헝겊도 섶이다. 이 섶을 다른 섶과 분간하기 쉽게 대개 '옷섶'이라고 부른다. '옷섶을 여미다'처럼 활용된다. 옷섶의 '섶'은 다른 낱말에 붙어 그 가장자리를 뜻하는 역할을 한다. 길섶은 길의 가장자리, 밭섶은 밭의 가장자리, 강섶은 강기슭이다. 또 하나의 섶은 막대기인데, 무슨 막대기인가 하면 덩굴지거나 줄기가 가느다란 식물이 쓰러지지 않게끔 그 옆에 꽂아 세워두거나 식물을 매어두는 막대다. 마지막 섶은 잠업과 어업용으로 만든다. 누에가 그 속에서 고치를 짓도록 차려주는 물건을 섶, 친절하게는 누에섶이라고 부른다. 누에섶은 옛날에는 짚으로 엮었는데, 이제는 수지나 판지 등 재료도 활용한다. 섶은 또 물고기가 많이 모이도록, 또는 김이 잘 자라도록 하기 위해 물속에 쌓아두는 나무도 가리킨다.

누에가 고치를 짓도록 엮은 물건을 섶이라고 하는 것처럼, 해충이 들어오도록 짚으로 엮은 것도 섶이라고 부르면 되지 않을까? 다른 섶을 가리킬 때 듣는 사람의 이해를 돕기 위해 각각 '누에섶' '옷섶'이라고 말하는 것처럼, 이 섶도 '해충섶'이라고 하면 헷갈릴 염

려도 없다.

섶이 붙은 단어 중 '고섶'이 있다. '가장 손쉽게 찾을 수 있는 맨 앞쪽'을 뜻한다. 옷섶이 고개만 숙이면 보인다는 데 착안해, 바로 앞쪽을 가리키는 단어로 '고(그)섶'을 만들어 쓰게 됐을 것이다. "내 휴대전화 어디 있지?" "어디 있기는, 고섶에 있잖아"처럼 일상생활에서 자주 씀 직한 낱말이다.

우리말은 계속 변한다. 새로운 사물의 쓰임새와 결에 어울리는 이름은 저절로 나오지 않는다. 우리가 함께 찾거나 만들어가야 한다. 그런 노력을 기울이다 보면 맞춤이다 싶은 단어를 '고섶'에서 발견할 때도 있으리라고 본다.

"그는 이렇게 평균주가로 씨줄을 엮은 다음, 거기에 다시 날줄을 매겼다." 주식시장과 관련해 한 월간지에 실린 글 중 눈에 걸린 대목이다. 날줄이 놓인 가운데 씨줄을 매기는 것인데 필자가 반대로 적었다.

날줄은 지도로 치면 경도(經度)에 해당한다. 경도가 다르면 해가 다르다. 이를테면 한 곳에서는 해가 뜨고 다른 곳에선 해가 저문다. '날'이 달라지는 것이다. 씨줄은 위도(緯度)에 해당한다. 위도에 따라 기온이 차이가 난다. 날줄의 '날'과 씨줄의 '씨'를 합해 '날씨'라는 단어를 만든 선조의 궁리가 깊다는 생각을 한 적이 있다. 씨줄을 그 속에 넣어 날줄에 매기는 도구가 '북'이다. 쉴 틈 없이 오가는 북을 보고 '북새통'이라는 낱말을 만들었다는 설이 있다.

짚신도 옷감처럼 날줄을 걸고 씨줄을 엮어 삼는다(만든다)는 걸 책《우리말 절대지식》에서 처음 배웠다. 날줄을 거는 틀을 '신틀'이라고 한단다. 한편 미투리는 볏짚 대신 삼이나 모시의 껍질로 삼은 신발이다. 저자는 "미투리는 정교한 신발이라 짚신의 열 배 가격을 받을 수 있었다"고 전한다.

우리 생활과 문화에 뿌리를 두고 뻗어 나와 '가지'가 되고 '이파리'가 된 단어가 어디 이들뿐이랴. 생활과 문화의 판이 바뀌면서 이런 가지와 이파리가 생기를 잃게 됐다. 위 용례에서처럼 종종 제 본뜻에서 벗어나거나 전혀 틀리게 쓰이고 있다. 이는 지난여름 멀리 캄보디아에서 베틀을 본 내가 반가워하며 아들에게 길쌈과 관련한 단어를 알려준 까닭이기도 하다.

우리 속담에 등장하는 사물이나 상황의 대부분을 직접 경험하지 못한 연령대가 많아졌다. 아이들에게 속담의 배경과 뜻을 제대로 설명할 수 있는 사람이 드물게 됐다. 어른 대신 이 역할을 할 수 있는 게《우리말 절대지식》이다. 성인은 이 책의 속담 풀이를 읽다 보면 추억에 빠져들게 된다. 예를 들어 나는 '마른 나무 좀먹듯 한다'는 속담 풀이를 한참 들여다봤다. 십대 시절 '머리에 피도 안 마른' 노는 친구들이 입에 올리곤 한 "세월이 좀먹나"라는 말이 떠올랐다. 친구들은 '일촌광음불가경(一寸光陰不可輕)'이라는 훈계를 들으며 "노세, 노세, 젊어서 노세"를 흥얼거렸다.

좀 같은 벌레는 알을 '슨다'. 강한 냄새로 좀을 막는 '좀약'이 나프

탈렌이다. 무좀은 좀처럼 발을 파먹는다고 해서 무좀일까? '녹이 슨다'는 표현은 좀 은유적이다. '세월이 좀먹나, 소금이 녹스나.' 우리말 맛은 속담에서 **깊고 풍부하게** 우러난다. '깊고 풍부하게' 자리에 쓸 단어가 떠오르지 않는다. '뭉근하게'는 요새 글에 너무 자주 보여서 피했다.

어깨를 결고 걷기

…《블루시아의 가위바위보》를 지은 이상락 선생님을 모시고 '낯설어 하는 이와 어깨 겯기'라는 주제로, 《블루시아의 가위바위보》를 쓰게 된 이야기, 한 책 주인공 블루시아의 나라인 인도네시아에 관한 이야기, 선생님의 개인적인 성장 이야기를 듣고 간단한 질의응답과 사인을 받을 수 있는 시간을 갖게 된다.

이는 서울e교육소식 블로그에 2008년 올라온 행사 안내문의 일부이다. '어깨 겯기'라는 낱말이 눈길을 끈다. '어깨 겯기'는 '어깨동무'와 같은 말이다. '겯다'는 '대, 갈대, 싸리 따위로 씨와 날이 서로 어긋매끼게 엮어 짜다' '풀어지거나 자빠지지 않도록 서로 어긋매끼게 끼거나 걸치다' '실꾸리를 만들기 위해서 실을 어긋맞게 감다'

는 뜻을 갖고 있다.

'겯다'의 첫째 동작으로 결은(어긋매끼게 엮어 짠) 생활용품이 소쿠리, 채반, 조리, 키, 멍석 등이다. 한편 소쿠리와 채반의 차이를 아시는지. 소쿠리는 안이 우묵하고 채반은 평평하다. 채반은 사전에서 '껍질을 벗긴 싸릿개비나 버들가지 따위의 오리를 울과 춤이 거의 없이 둥글넓적하게 겯어 만든 채그릇'이라고 풀이된다. 여기서 '울'은 울타리를 뜻하고 '춤'은 높이를 가리킨다.

'두 사람은 어깨를 겯고 걸었다'에서 '겯고'는 둘째 동작을 가리키는 데 활용됐다. 정확하게는 '두 사람은 팔을 겯고 걸었다'고 표현해야 하지만, '팔을 겯고'는 쓰이지 않는다. '총을 겯어 세웠다'도 '겯다'를 둘째 동작의 뜻으로 구사한 문장이다.

'어깨 겯기'라고 말하는 사람은 거의 없다. 대부분 '어깨동무'라고 말한다. 한 포털 사이트에서 '어깨를 겯고'를 넣어 찾아보면 기사가 19건만 나온다. '어깨 겯기'가 쓰인 기사는 14건뿐이다. 반면 '어깨동무를 하고'로 검색하면 2만 건이 넘게 나온다.

'어깨 겯기'는 '연대'의 뜻으로 활용되기도 한다. 활자매체에 실린 글에서 용례 몇 가지는 다음과 같다.

- 이처럼 잘 쌓은 돌담은 서로 어깨를 겯고 있어서 아무리 강한 바람에도 무너지지 않는다.

  _2017년 2월 26일 자 〈제주일보〉, '제주 돌담의 어깨 겯기' 중에서

- 요컨대 책 읽기는 세계 형성의 의지를 지닌 인간들의 가장 압축적인 '연대'(어깨 겯기)를 상징한다.

    _2011년 11월 1일 〈한겨레21〉, '시민을 넘어 지민(知民)으로' 중에서

- 독립다큐영화야말로 사회적 소수자·약자 문제를 선제적으로 제기할 수 있는 영역이라고 생각한다. 관객의 영역이 좁아졌다고 해도 소수자와 함께 살아가기, 약자와 어깨겯기를 소재로 한다는 점에서 다큐는 앞으로도 오랫동안 대중 장르로서 유효할 것이다.

    _2016년 7월 7일 〈한겨레21〉, '다큐, 기록의 시대는 끝나지 않았다' 중에서

영어에는 '어깨 겯다'에 해당하는 단어가 없다. 한영사전에서 '어깨동무를 하다'를 찾으면 'put arms around each other's shoulders' 라고 나온다. 한영사전 표제어에 '어깨 겯기'나 '어깨 겯다'는 없다. 한편 영어로는 어깨가 아니라 '팔'을 서로 엮는다고 표현함을 다시 확인하고 넘어가자.

〈어깨동무 씨동무〉라는 전래동요가 있다. '씨동무'는 소중한 동무를 뜻한다. '어깨동무 씨동무'는 어깨를 겯은 동무는 소중한 동무라는 뜻이다. 이런 표현을 보면 '어깨동무하다'가 '어깨 겯다'보다 더 정감을 주는 듯하다. 그래도 가끔은 친구나 동료와 한잔 걸친 뒤 '어깨를 겯고' 정담을 나누면서 걸어가 보자.

옥잠화(玉簪花)는 백합과의 여러해살이 풀이다. 꽃봉오리가 벌어지기 전 모습이 비녀 같다고 해서 이 이름을 얻었다. 그래서 우리말 이름은 옥비녀꽃이다. 잠(簪)은 비녀를 뜻하는 한자. 화잠(花簪)은 새색시가 머리를 치장하는 데 쓰는 비녀다. 옥판에 잔새김을 한 뒤 그 자리에 금·은 등을 박아 꾸미고 떨새를 앉혀 만든다. 떨새는 가는 은실로 용수철 모양을 만들고 그 위에 새 모양을 붙인 장식으로 흔들리면 발발 떨린다. 족두리나 큰 비녀에 단다.

옥잠화와 잎이 비슷하게 생긴 수생식물이 부레옥잠이다. 부레옥잠은 부풀린 잎자루에 공기를 넣어 물에 뜬다. 잎자루가 물고기의 부레 모양이고 부레와 비슷한 구실을 하는 것이다. 부레는 물고기의 몸속에 있는 공기 주머니로 뜨고 가라앉는 것을 조절하는 기능을 한다. 구명부표(救命浮標)를 다른 말로 구명부레라고 한다.

부레는 부레풀이라는 뜻도 지닌다. 부레풀은 민어의 부레를 끓여서 만든 풀이고 교착력이 강해 목기(木器)를 붙이는 데 많이 활용된다. 부레풀로 물건을 붙이는 일을 부레질이라고 한다. 옛날 아이들은 연줄을 질기게 하려고 부레 끓인 물을 연줄에 먹였다. 이를 부레뜸이라고 했다. 부레뜸을 하는 김에 물에 사금파리 가루를 섞어서 먹여 연줄을 실톱처럼 만들었다. 상대방의 연줄을 끊는 연싸움에서 이기기 위해서였다. 연싸움은 제주도 사투리로 연타발이다. 고구려 역사에 등장하는 인물 '연타발'과 발음이 같다. 물론 연관은 전혀 없을 게다. 연타발이라는 단어는 요즘엔 음식점 이름에도 쓰인다. 이 이름이 앞으로 어떤 분야로 진출할지 궁금하다.

부레는 인기 있는 음식이자 식재료다. 여느 물고기의 부레는 먹을 게 없다. 민어는 다르다. 민어는 길이가 1미터 가까울 정도로 크다. 부레도 큼지막하다. 부레는 날로 썰어서 기름소금 같은 데 찍어먹는다. 부레찜이나 부레저냐로 요리하기도 한다. 둘 다 민어 살과 소고기를 이긴 뒤 양념을 해 부레 속에 넣고 동여맨 뒤 익힌 음식이다. 익히는 방법이 다르다. 삶거나 찐 뒤 썰어낸 게 부레찜이고, 삶아 부친 뒤 썰어놓은 음식이 부레저냐다. 저냐는 얇게 저민 고기나 생선 따위에 밀가루를 묻히고 달걀 푼 것을 씌워 기름에 지진 음식을 뜻한다.

'부레가 끓다'는 '몹시 성나다'는 말이다. 예컨대 '억지로 참자니

속에서 부레가 끓었다'라고 표현한다. '부아가 나다'나 '부아가 치밀어 오르다'는 관용구도 뜻이 비슷하다. 여기서 '부아'는 노엽거나 분한 마음을 뜻한다. 부아의 다른 뜻은 허파다. 사람의 허파를 가리키는 낱말 '부아'가 물고기 '부레'와 한 음절이 같고 비슷한 관용구에 쓰이는 점이 흥미롭다. 더 재미난 사실은 부레와 부아가 생물학적으로는 상동기관(相同器官)이라는 점이다. 상동기관은 본디 같은 원형에서 갈라져 형태와 기능이 달라진 두 기관을 가리킨다. 사람 팔과 고래 가슴지느러미도 상동기관이다. 부레가 허파로 진화되는 과정을 폐어(肺魚)가 보여준다. 폐어는 물속에서는 아가미로 호흡하다가 건기에 강물이 마르면 땅속에 몸을 묻고 지내면서 공기호흡을 한다. 공기호흡은 허파처럼 발달한 부레로 한다.

우리 조상이 부레가 부아로 진화했다고 상상해 낱말을 지어냈을 리는 없다. 그런데도 두 단어를 닮게 빚고 비슷한 관용구를 만들었다는 사실은, 조어 감각 측면에서 참 신기한 대목이다.

전
꼽
사
리
인
데
요

곱창은 소의 작은창자다. 소의 장은 대창과 곱창으로 나뉜다. 막창도 장의 일부일 것 같은데, 막창은 넷째 위를 가리킨다. 소의 위는 양, 벌집양, 천엽, 막창으로 이뤄졌다. 막창은 홍창의 다른 이름이다. 곱창 음식점 중에 '곱'을 상호로 쓴 곳이 있다. 개성이 있고 간결하며 잊히지 않아, 잘 지은 이름이다.

'곱'은 부스럼이나 헌데에 끼는 고름 같은 물질을 가리킨다. 눈에 끼면 눈곱이 된다. 배에 끼면 배꼽이 되는 것일까? 물론 그건 아니다. 곱 같은 물질이 낀 다른 부분은 소의 배 속에 있다. 곱창이다. 소의 작은창자다. 창자 속에 낀 곱은 고소한 맛을 낸다. 사람 창자 속에도 곱이 끼어 있을 것이다. 대장염이나 이질에 걸리면 똥에 창자의 곱이 섞여 나온다고 한다. 그걸 곱똥이라고 부른다.

홍어의 표면에 낀 점액도 곱이라고 부른다. 홍어를 며칠 뒤 먹을 때에는 곱을 그대로 두지만, 열흘 이상 숙성할 때에는 삭히기 전에 곱을 닦아낸다고 한다. 곱을 닦아내되 없애거나 씻어버리면 안 된다. 〈KTX매거진〉 2012년 9월호에 실린 영산포구길 여행기는 장기 숙성 전 홍어 손질 방법을 이렇게 옮긴다.

옛날엔 지푸라기며 호박잎으로 닦아내던 홍어 껍질이었다. "홍어는 물 닿으면 처져 부린께 씻지 않구 닦아야 돼. 홍어 껍질에 붙은 미끌미끌한 곱을 닦은단 말이제. 껍질 베껴지면 큰일인께 살살 해야 돼."

그런데 수입산 홍어 손질에는 변수가 있었다. "외국 사람들은 홍어를 잘 모르그든. 배에서 작업헐 때 호스를 대서 곱을 씻쳐 부린다 말이여. 그러니 그때 덜 씻츠면 곱이 많이 묻어 오는 거제. 곱이 같이 익어야 맛있어."

꼽사리는 그럼 곱이 창자 속에 낀 것처럼 남에게 묻어간다는 데서 유래된 말일까? 꼽사리가 곱살이에서 나온 단어인 것은 맞다. 그러나 곱살이의 '곱'은 눈곱의 '곱'과 다르다. 2009년 10월 14일자 〈서울신문〉의 '우리말 여행' 기사에 따르면, '곱살이'의 '곱'은 배(倍)를 뜻하고 '살'은 노름판에서 걸어놓은 몫에 덧붙여 더 태워놓는 돈이다. 밑천이 적거나 썩 내키지 않아 노름판에 끼어들지 않고 있다가 판에 좋은 패가 나올 때 다른 사람이 대놓은 살에 얹어 살을 대고 끼어드는 게 곱살이다. 이런 짓에 빗대, 어떤 일을 나서서 하지 않고 남이 하는 데 끼는 행동을 '곱살이 끼다'라고 하게 됐다.

송사리와 꼽사리 얘기는 한 번쯤 들어보셨으리라. 말하자면 이런 얘기다. 유명 프랜차이즈 커피숍 주문대에 송사리 다섯 마리가 줄지어 섰는데, 갑자기 어떤 피라미 같은 놈이 끼어들었다. 기다리던 송사리들이 물었다. "넌 뭐야?" 그러자 끼어든 놈이 말했다. "전 꼽사리인데요."

곱돌의 '곱' 또한 눈곱의 '곱'과 무관하다. 매끈하고 광택이 나는 암석과 광물을 통틀어 곱돌이라고 부른다. 곱돌을 깎아서 만든 냄비는 곱돌냄비고, 곱돌로 만든 약탕관은 곱돌탕관이다.

'윙'이 두 번을 넘으면

윙윙윙윙 고추잠자리

마당 위로 하나 가득 날으네

윙윙윙윙 예쁜 잠자리

꼬마 아가씨 머리 위로 윙윙윙

가수 박은옥이 부른 노래 〈윙윙윙〉의 첫 소절이다. 이 가사에서
'윙윙윙' 또는 '윙윙윙윙'은 무엇을 나타낸 말일까? 사전부터 찾아
보자. 예상한 대로 '윙윙윙'도 '윙윙윙윙'도 나오지 않는다. '윙'과
'윙윙'은 표제어로 올랐다. '윙'은 '조금 큰 벌레나 돌 따위가 매우
빠르고 세차게 날아가는 소리' '거센 바람이 전선이나 철사 따위에
매우 빠르고 세차게 부딪치는 소리' '큰 기계의 모터나 바퀴가 세차

게 돌아가는 소리'라고 풀이됐다. '윙윙'의 풀이도 이와 똑같다. 여기에서 갈라져 나온 낱말이 '윙윙대다'와 '윙윙거리다' 등이다.

박은옥 씨의 부군인 정태춘 씨가 이 노래의 가사를 짓고 곡을 붙였다. 정태춘 씨는 어떤 생각으로 '윙윙윙'을 썼을까? 이 가사에서 '윙윙윙'과 '윙윙윙윙'은 '윙'과 '윙윙'이나 같은 말일까? 달리 물으면 '윙윙윙'과 '윙윙윙윙'은 의성어일까? 이것을 궁금해하는 사람은 거의 없었다. 아마 물어보면 대다수가 "그렇다"고 대답할 것 같다. 내가 이 글을 쓰는 것은 '윙윙윙'과 '윙윙윙윙'이 의성어가 아니라 의태어라는 생각을 펼쳐 보이기 위해서다.

우선 잠자리가 비행할 때는 소리가 거의 나지 않는다. 벌이 윙윙거리고 모기가 앵앵대는 것에 비하면 잠자리는 소리에서 거의 스텔스급으로 날아간다. 아무리 예술이라지만 작사가가 소리가 나지 않는 잠자리의 비행에 '윙윙윙'과 '윙윙윙윙'이라는 의성어를 넣었을 성싶지 않다.

'윙윙윙윙'과 '윙윙윙'이 소리를 표현하지 않았다는 다른 근거는, 가수가 이 대목을 부르는 방식에 있다. 가수는 이들 네 음절이나 세 음절을 연달아 발음하지 않고 '윙, 윙, 윙, 윙' '윙, 윙, 윙'이라고 또렷이 나눠서 부른다. 초당 20여 회로 알려진 잠자리 날갯짓의 소리는 가수가 부르는 것처럼 분절되지 않는다. 설령 잠자리 날갯짓의 아주 작은 소리를 포착해서 증폭하더라도 그 소리는 '윙, 윙, 윙, 윙'이나 '윙, 윙, 윙'으로 들리지는 않을 것이다.

나는 '윙윙윙윙'과 '윙윙윙'이 의태어라고 본다. 잠자리 비행의 특징 중 하나가 방향 전환이다. 잠자리는 순식간에 방향을 바꿔서 날곤 한다. 책《한국의 잠자리 생태도감》을 쓴 정광수 씨는 신문 인터뷰에서 잠자리의 비행에 대해 다음과 같이 설명한다.

잠자리 날개의 진동수는 초당 20~30회, 평균 비행 속도는 시속 60km입니다. 정지해 있다 튕겨 나가는 순간적인 가속 비행과 상하 수직 비행이 특히 대단하죠. 비행 도중 위험을 피하기 위해 갑자기 방향을 전환하는 것도 가히 놀랄 정도입니다.

_2007년 5월 26일 자 〈동아일보〉,
'토종 잠자리 다 모였네…한국의 잠자리 생태도감' 중에서

잠자리가 나는 모습을 이 노래는 '윙윙윙윙'이나 '윙윙윙'이라고 표현했다고 생각한다. 가수가 '윙, 윙, 윙, 윙'이나 '윙, 윙, 윙'이라며 띄운 각 '윙'의 사이는 방향 전환과 방향 전환 사이의 시간이라고 나는 상상한다. 잠자리가 나는 방식을 그려보면서 이 노래를 다시 들어보자. 또는 가사를 새롭게 읽어보자. 첫 소절에 이어 노래는 다음과 같이 불린다.

파란 하늘에 높은 하늘에
흰 구름만 가벼이 떠 있고

바람도 없는 여름 한낮에

꼬마 아가씨 어딜 가시나

고추잠자리 잡으러 예쁜 잠자리 잡으러

등 뒤에다 잠자리채 감추고서 가시나

윙윙윙윙 고추잠자리

이리저리 놀리며 윙윙윙

윙윙윙윙 꼬마 아가씨

이리저리 쫓아가며 윙윙윙

(하략)

    나는 이 노래를 들을 때면 잠자리가 방향을 급선회하는 자리를 중심으로 동심원이 입체적으로 퍼져 나가는 이미지를 떠올린다. 노래 가사가 멜로디와 함께 하늘에 그림을 그리는 듯하다.

바지의 맵시, 말씨의 맵시

거리를 청소하고 다니던 힙합바지가 자취를 감췄다. 깔끔하지 못하게 땅에 질질 끌리고, 앉으면 엉덩이를 드러내주며, 동양인의 긴 상체를 훨씬 길어 보이게 하는 힙합바지는 내게 이상한 패션으로 비쳤다. 난 힙합바지의 물결을 보면서 '유행이란 종종 이상한 거야, 한물가고 난 뒤에 돌아보면 우스꽝스럽기까지 하지'라고 되뇌곤 했다.

힙합바지 퇴출에 기여한 게 단화 운동화다. 단화 운동화 바람은 2006년 무렵부터 전 세계적으로 불었다. 나는 2009년 봄, 단화 운동화가 힙합바지를 몰아내는 데 그치지 않고 새로운 스타일의 바지를 유행시키리라고 예상했다. 그때 쓴 글 〈오드리 헵번처럼, 나비처럼 걸으려면〉의 일부를 옮긴다.

홀태바지와 당코바지가 조만간 유행하지 않을까. 홀태바지는 통이 좁은 바지를 가리키고, 당코바지는 허벅다리는 풍성하다가 종아리로 내려오면서 좁아지는 바지다.

이어 그 이유를 이렇게 설명했다.

단화 운동화는 끈이 묶인 신발 등이 드러나도록 신는 편이 더 멋지다. 그러니 단화 운동화에 바지를 입는다면 통 넓은 바지 대신 발목 언저리까지 길이의 좁은 스타일을 고르는 것이 좋다.

당코바지의 도래를 점친 예언은 빗나갔지만 홀태바지는 맞았다. 홀태바지는 '슬림 핏 팬츠'라고 불린다. 패션에 대한 내 안목을 자랑하려고 꺼낸 얘기는 물론 아니다. 여기까지 홀태바지, 당코바지, 힙합바지 이렇게 세 종류의 바지 이름이 나왔다. 이들 바지 이름에 담긴 이야기로 들어가 보자.

홀태바지의 홀태는 배 속에 알이나 이리가 들지 않아 홀쭉한 생선을 가리킨다. 반대로 알이 들어 통통한 생선은 알배기, 이리가 든 물고기는 이리박이라고 한다. 이리는 정액 덩어리고. 그래서 좁게 된 물건을 '홀태~'라고 부른다. 홀태바지 외에 홀태버선, 홀태부리 같은 단어가 있다. 곡식을 훑어서 떠는 짓을 홀태질이라고 한다.

당코바지는 국어사전에는 아직 오르지 못했다. 당코는 일본어 단코(短袴)에서 온 말로 짐작된다. 그래서 당코바지가 인정받지 못한 듯하다. 그러나 이 단어는 유행가는 물론 문학작품에도 자주 쓰였다. 1930년대 유행가 〈선술집 풍경〉의 1절은 '모여든다 모여들어 어중이떠중이 모여들어 / 홀태바지 두루마기 온갖 잡탕이 모여든다'로 시작하고, 2절은 '모여든다 모여들어 어중이떠중이 모여들어 / 당코바지 방갓쟁이 닥치는 대로 모여든다'로 들어간다.

당코바지는 박경리의 《토지》에서는 다음과 같이 등장한다. 인용된 부분에 나오는 나파후쿠는 청색 작업복이고, 도리우치는 헌팅캡을 가리킨다.

김두수는 등잔에 불부터 켜 놓고 이불을 밀어붙인 뒤 행구에서 옷을 꺼낸다. 당코바지와 나파후쿠의 윗도리를 꺼내어 서둘며 입고 벗어둔 한복은 차곡차곡 개켜 손가방 속에 넣는다. 가방은 열쇠로 잠그고 도리우치를 깊숙이 눌러 쓴다.

우리말에도 당코가 있다. 당코는 여자 저고리 깃의 뾰족하게 내민 끝이다. 당코를 단 여자 저고리를 당코저고리라고 한다.

힙합바지는 힙합 음악과 함께 유행한, 허리 아래로 축 처지게 입는 바지다. 힙합바지(hip-hop pants)라고 하기도 하고 처진 바지(saggy pants)라고도 한다. 우리나라에선 'X싼 바지'라고도 불렸다.

힙합바지에 해당하는 우리말이 있다. '옹구바지'다. 옹구는 새끼로 망태처럼 얽어 만든 농구(農具)다. 거름이나 섶나무 등을 담은 옹구는 소의 길마 위에 양쪽으로 걸쳐 얹었다. 섶나무는 작은 나무고, 길마는 짐을 싣거나 수레를 끌도록 하기 위해 등에 얹는 안장이다. 길마는 멍에와는 다르다. 쟁기나 수레를 연결하기 위한 멍에는 목에 얹는다. 길마에 걸친 옹구가 그 속에 담긴 짐으로 축 처진 모습에서 옹구바지라는 말이 나왔다.

맵시를 가르는 요소 중 하나가 바지 길이다. 말씨를 가르는 요소는 무얼까 생각해보게 된다.

말을 홀로 생각하는 연습

활자매체에 입사해 수습을 거친 뒤 편집부에 배치됐다. 나는 편집부에서 시간이 빌 때마다 사전을 읽었다. 그러다 자주 쓸 만한 우리말 단어를 모아보자는 생각이 들었다. 약 2,400쪽인 사전을 한 단어 한 단어 읽으면서 눈에 띄는 표제어를 적어나갔다. 그렇게 채운 메모를 아직 간직하고 있다. 이 메모는 읽을 때마다 새롭다.

메모를 다시 보니 '잡다'로 끝나는 단어가 많이 적혀 있다. 붙잡다, 부여잡다, 다잡다, 그러잡다, 거머잡다, 움켜잡다, 휘어잡다, 설잡다, 맞잡다, 틀어잡다, 손잡다, 얕잡다, 낮잡다, 흠잡다, 싸잡다, 종잡다, 줄잡다, 어림잡다, 골라잡다, 주름잡다, 따라잡다, 때려잡다, 땅잡다, 걷잡다, 바로잡다, 사로잡다….

'잡다'는 '쥐다'와 뜻이 비슷하다. 그래서 '쥐다'로 끝나는 단어는

'잡다'로 끝나는 단어와 의미가 비슷한 게 여럿 있다. 그러쥐다, 거머쥐다, 움켜쥐다, 틀어쥐다, 싸쥐다 등이다. 반면 '싸쥐다'는 '손으로 싸듯이 쥐다'는 뜻이어서 '싸잡다'와 의미가 다르다. '잡다'로 끝나는 단어에는 없는 '-쥐다'도 있는데, 잡쥐다, 감싸쥐다, 부르쥐다 등이다. '잡쥐다'는 '단단히 쥐다'라는 뜻이고, '부르쥐다'는 '힘주어 주먹을 쥐다'라는 단어다.

그때 사전을 뒤적이면서 나는 우리말을 스스로 공부하는 길에 들어섰다. 이전의 우리말 공부가 다른 사람이 쓴 책에서 다른 사람의 생각을 접하는 것이었다면, 편집되지 않은 사전으로 직접 한 공부는 우리말을 놓고 홀로 생각하는 연습이었다. 물론 이후에도 다른 사람이 쓴 우리말 관련 책을 계속 읽었다.

우리말에 대한 내 관심의 한 갈래는 역순사전으로 이어졌다. 예를 들어 일반사전에는 흩어져 있는, '잡다'나 '쥐다'로 끝나는 단어를 역순사전에 모아놓고 그중에서 골라서 쓸 수 있도록 하면 글이 더 적확하고 풍부해진다. 역순사전은 우리말 조어법을 숙달해 이를 새로운 단어를 만드는 데에도 활용할 수 있다.

이 책에서 '끝나는 부분이 공통적인 우리말' 서술과 관련해 양해를 구할 부분이 있다. 끝이 같다고 해서 유래와 의미가 같지는 않다는 것이다. 예를 들어 나는 볼따구니, 뺨따구니, 철따구니, 악다구니, 어처구니, 틈바구니 등을 묶어서 제시했는데, 각각은 볼-따구니, 뺨-따구니, 철-따구니, 틈-바구니로 분석된다. '악다구니'와 '어처구니'는 분석이 어렵다고 한다. 또 '서니'로 끝나는 '꼭두서니'는 '곡두선'에 '-이'가 붙은 말이고 '꼬락서니'도 '꼴'에 '악서니'가 붙은 말로 이해된다.

이와 관련해 나는 생물에 상사기관이 있듯이 유래와 의미가 다르더라도 모양이 같은 우리말이 있고, 그런 우리말은 한데 모아서 다룰 만하다고 본다. 상사기관은 기원이 서로 다르지만 겉보기에 형태나 기능이 매우 닮은 기관을 말한다. 예를 들어 새의 날개와 곤충의 날개는 모두 하늘을 날도록 하는 부위이지만, 새의 날개는 앞다리가 변한 것이고 곤충의 날개는 껍데기의 일부가 변해서 생긴 것이다.

원고를 맺으려니, 미처 모아 담지 못한 '도사리' 우리말에 눈길이 간다. 버캐, 눈비음, 보람줄 등이다. 버캐는 '액체 속에 들었던 소금기가 엉겨 생긴 찌끼'라고 풀이된다. '소금버캐'는 '엉기어 말라붙은 소금 덩이'다. 더운 날에 달리고 나면 얼굴이며 목에서 난 땀이 말라 버캐를 남긴다. 소금버캐 외에 '오줌버캐' '침버캐'도 있다.

'눈비음'은 '남의 눈에 들기 위해 겉으로만 꾸미는 일'을 뜻한다. '비음'은 '설빔'에 남았고, 이제는 거의 쓰이지 않는 '단오비음'에도 붙었다. '보람줄'은 '책 따위에 표지를 하도록 박아 넣은 줄'이다.

참
고
문
헌

p. 72~75	2006년 10월 9일 자 〈동아일보〉, '일 년에 한 번 오는 한글날♪ 랩으로 부활하는 우리말♪'
p. 76~78	2017년 6월 9일 자 〈한국일보〉, '안성진의 영어 돋보기'
p. 79~81	《드라마 사전》, 김광요 등 공편, 문예림, 2010
	2008년 6월 25일 자 〈신동아〉, '기막히게 재미있는(fun) 말장난(pun)'
p. 87~90	조용진, 《동양화 읽는 법》, 집문당, 2007
	2008년 8월 6일 자 〈한겨레신문〉, 정호완, '짐승이름'
p. 91~94	강재형, 《애무하는 아나운서》, 예문, 1996
	2007년 5월 11일 자 〈한국경제신문〉, '홍성호 기자의 말짱 글짱'
p. 95~97	〈文字 '串'에 관한 研究〉, 박영철, 國語學 제64집, 2012
	〈곶[串] 계열 어휘의 形成과 意味에 대하여〉, 조항범, 國語學 제64집, 2012
p. 98~100	정민, 《미쳐야 미친다》, 푸른역사, 2004

p. 101~104   박영수, 《만물 유래사전》, 프레스빌, 1995
박일환, 《우리말 유래사전》, 우리교육, 1994
장 앙리 파브르, 《파브르 곤충기 7》, 현암사, 2009
한영식, 《작물을 사랑한 곤충》, 들녘, 2011
홍윤표, 〈'도토리'의 어원〉, 새국어소식83호, 2005

p. 123~125   심재기, 《국어 어휘론 신강》, 태학사, 2000

p. 126~128   정약전, 《자산어보》, 지식산업사, 1992
2011년 10월 1일 자 〈동아일보〉, "강아지 지능의 문어, 수명은 고작 2년
'가문박명'"
박수현, 〈오징어〉, 네이버캐스트 이미지 사이언스(navercast.naver.
com/contents.nhn?rid=24&contents_id=24240)

p. 132~134   2004년 5월 23일 자 〈경향신문〉, 김희연 기자, '한국, 한국인의 얼굴'

p. 135~137   강재형, 《애무하는 아나운서》, 예문, 1996
박갑천, 《재미있는 어원 이야기》, 을유문화사, 1995
박숙희, 《뜻도 모르고 자주 쓰는 우리말 500가지》, 서운관, 1994

p. 167~169   2017년 10월 9일 자 〈매일신문〉, '민송기의 우리말 이야기'

단어의 사연들

초판 1쇄 발행 2018년 12월 28일
초판 7쇄 발행 2023년 3월 15일

지은이 백우진
펴낸이 권미경
기획편집 이윤주
마케팅 심지훈, 강소연, 김재영
디자인 [★]규
펴낸곳 ㈜웨일북
등록 2015년 10월 12일 제2015-000316호
주소 서울시 마포구 토정로 47, 서일빌딩 701호
전화 02-322-7187 **팩스** 02-337-8187
메일 sea@whalebook.co.kr **페이스북** facebook.com/whalebooks

소중한 원고를 보내주세요.
좋은 저자에게서 좋은 책이 나온다는 믿음으로, 항상 진심을 다해 구하겠습니다.

이 도서의 국립중앙도서관 출판예정도서목록(CIP)은
서지정보유통지원시스템 홈페이지(http://seoji.nl.go.kr)와
국가자료공동목록시스템(http://www.nl.go.kr/kolisnet)에서 이용하실 수 있습니다.
(CIP제어번호: CIP2018040169)